AMPEL DER DUMMHEIT

Was ist los in diesem Land

Johann Schaettler

Liebe Leserinnen und Leser,

Ich widme dieses Buch „Ampel der Dummheit" allen Menschen, die nach Wissen streben und sich für die Zukunft unseres Landes einsetzen. In einer Zeit, in der es wichtig ist, die Wahrheit zu erkennen und nicht von oberflächlichen Gedanken geleitet zu werden, lade ich euch ein, diese Seiten zu durchwandern.

Was ist los in diesem Land? Eine Frage, die uns alle beschäftigt. Unsere Gesellschaft ist geprägt von politischen Turbulenzen, sozialen Herausforderungen und kulturellen Veränderungen. Doch wir dürfen nie vergessen, dass wir die Gestalter unserer Zukunft sind.

In diesem Buch möchte ich euch dazu motivieren, eure Stimme zu erheben, Wissen zu verbreiten und für eine gerechtere Welt einzutreten. Lasst uns gemeinsam die Ampel der Dummheit überwinden und den Weg zu einer aufgeklärten Gesellschaft ebnen.

Danke für eure Unterstützung und euer Engagement.

Vorwort:

Inmitten der politischen Sphäre offenbart sich ein schillerndes Phänomen, das unsere Aufmerksamkeit fesselt - die Dummheit, diese wahrhaftig natürliche Begabung. Wie der Sternenhimmel über uns leuchtet sie auf, uns mit ihrem Glanz zu blenden und zu verzaubern. In den Reihen der Politiker entfaltet sich dieses Schauspiel in all seiner Pracht, und wir können nicht anders, als staunend und schmunzelnd zu betrachten, welch schier endloses Potenzial diese Begabung besitzt.

Wie Nebel über die Landschaft zieht, so umhüllt die Dummheit manch einen Politiker, der sich in ihren schillernden Bann ziehen lässt. Es ist, als ob sie ihre eigenen Gesetze des Denkens etabliert hat, jenseits von Vernunft und Logik. In ihrer Anwesenheit scheinen die klügsten Köpfe zu erbleichen, und selbst die einfachsten Fragen werden zu unlösbaren Rätseln.

Die Dummheit kennt keine Grenzen, keine Hierarchien, und so fasziniert sie gleichermaßen den einfachen Bürger wie den hochrangigen Politiker. Sie macht keinen Unterschied zwischen Parteizugehörigkeiten und politischen Ideologien - in ihrer universellen Pracht umhüllt sie sie alle.

Oftmals erkennen Politiker die Dummheit nicht als ihre eigene, sondern schieben sie geschickt anderen zu. Sie wähnen sich in der Sicherheit ihrer Macht und glauben, die Regeln der Dummheit nicht zu befolgen. Doch wie ein unsichtbarer Faden führt sie sie alle - über Parteigrenzen hinweg - zu den gleichen folgenschweren Entscheidungen, die die Nationen in Staunen versetzen.

Man könnte meinen, dass die politische Arena ein Schlachtfeld der klugen Köpfe sei, doch die Dummheit ist die heimliche Königin, die im Hintergrund ihre Fäden zieht. Mit großer Freude betrachtet sie die politische Bühne, auf der die Akteure unermüdlich ihr Schauspiel darbieten. Sie flüstert ihnen leise zu, lässt sie glauben, dass sie die wahren Meister ihres Handelns sind, und doch sind sie Marionetten in ihren Händen.

Es ist ein Schauspiel, das uns zum Lachen und zum Weinen bringt, das uns fasziniert und zugleich erschüttert. Doch vielleicht sollten wir uns nicht allzu sehr aufregen, denn die Dummheit ist eben auch eine natürliche Begabung. Wie Sterne am Himmel leuchten und vergehen, so wird auch diese Dummheit ihre Zeit haben und sich wandeln. Möge der Tag kommen, an dem die klaren Sterne der Vernunft und Weisheit die politische Bühne erhellen und die Dummheit in den Schatten stellt. Bis dahin wollen wir das Schauspiel genießen und mit einem Augenzwinkern anerkennen, dass auch die Dummheit ihren Platz in dieser Welt hat.

Doch betrachten wir genauer, wie die Dummheit ihre Fäden spinnt und die politische Szene zu ihrem eigenen Marionettentheater macht. Politiker, gleich welcher Couleur, sind oft Meister im Umgang mit dieser begabten Komponente. Sie beherrschen die Kunst der ausweichenden Antwort, der schwammigen Aussage und der fein gewobenen Lügen. Wie geschickt lenken sie von ihren eigenen Fehlern ab und lassen die Dummheit als Sündenbock herhalten.

In ihren Reden und Auftritten zeigen Politiker ihr ganzes Repertoire an dummheit erfüllten Gesten und Phrasen. Mit leeren Worthülsen und inhaltsleeren Versprechungen verzaubern sie ihre Anhänger, die ihnen bereitwillig folgen und die glitzernden Worte als Wahrheit annehmen. Die Dummheit kennt keine Grenzen, und so führt sie die Massen an der Nase herum, während sie sich in ihrem eigenen Glanz sonnen.

Aber die Dummheit wäre nicht vollkommen, wenn sie nicht auch ihre Schattenseiten hätte. Sie ist unberechenbar und kann selbst die klügsten Köpfe in ihrem Bann halten. Politiker, die sich für unantastbar halten, werden von ihr geblendet und verirren sich in einem Labyrinth aus Selbstüberschätzung und Ignoranz.

Es ist erstaunlich, wie die Dummheit ihre Opfer auf subtile Weise verführt. Politiker, die sich für die Retter der Nation halten, werden zu Sklaven ihrer eigenen Eitelkeit. Sie verlieren den Blick für das Wesentliche und verstricken sich in einem Netz aus Täuschung und Selbstbetrug.

Doch wir dürfen nicht vergessen, dass die Dummheit auch ihre eigenen Gesetzmäßigkeiten besitzt. In der Politik ist sie ein mächtiges Werkzeug, um die Masse zu manipulieren und die eigenen Interessen voranzutreiben. Politiker nutzen sie geschickt, um ihre Ziele zu erreichen und sich in ein Licht der Unfehlbarkeit zu tauchen.

Die Dummheit zeigt sich auch in den Entscheidungen, die Politiker treffen. Oft sind es kurzsichtige Maßnahmen, die langfristige Folgen nach sich ziehen. Die Suche nach dem schnellen Erfolg vernebelt den Blick für die Zukunft und führt zu verhängnisvollen Konsequenzen. Doch die Dummheit ist nicht gewillt, die Verantwortung zu tragen, sie weicht aus und gibt anderen die Schuld.

Die politische Bühne gleicht einem Schattenspiel, bei dem die Dummheit die Fäden zieht und die Akteure nach ihrem Willen tanzen lässt. Wie Marionetten agieren sie in ihrem politischen Theater, ohne die Tragweite ihrer Handlungen zu erkennen. Die Dummheit lacht im Hintergrund, während die politischen Akteure im Rampenlicht glauben, die wahren Meister ihrer Schicksale zu sein.

Doch vielleicht ist es gerade diese absurde Komödie, die uns fasziniert und zum Nachdenken bringt. Die Dummheit, die in den Reihen der Politiker herrscht, ist ein Spiegelbild der menschlichen Natur. Wir alle sind nicht frei von Fehlern und manchmal blind für die Konsequenzen unseres Handelns.

In diesem schillernden Theater der politischen Dummheit sollten wir nicht vergessen, dass wir Teil dieser Inszenierung sind. Wir sind es, die die Politiker auf die Bühne heben, und wir sind es, die ihnen den Beifall spenden. Doch wenn wir mit einem Augenzwinkern die politische Bühne betrachten, können wir erkennen, dass die Dummheit auch eine Mahnung für uns ist.

DIE MACHT DER DUMMHEIT

Über ideologische Starrheit und die Schattenseiten der Politik

Oftmals betrachte ich die Welt der Politik und finde darin ein faszinierendes, aber auch zuweilen beunruhigendes Schauspiel. Inmitten dieser Bühne des Staatswesens gibt es ein Phänomen, das meine Gedanken nicht loslässt: ideologische Starrheit. In der Politik kann dies zu einer Art geistiger Versteinerung führen, bei der diejenigen, die sie befallen hat, selbst vor der unbestreitbaren Realität die Augen verschließen.

Es ist bemerkenswert, wie Politiker manchmal unflexibel an ihren Überzeugungen festhalten, selbst wenn die Welt um sie herum eine andere Melodie spielt. Wie ein Kapitän, der gegen die Strömung rudert, bleiben sie stur auf ihrem Kurs, ungeachtet der rauen Gewässer, die vor ihnen liegen. Diese ideologische Starrheit führt nicht selten zu irrationalen politischen Entscheidungen, die das Wohl der Gesellschaft gefährden können.

Doch, meine lieben Leser, was treibt dieser Politiker an, so unbeirrbar an ihren Ideologien festzuhalten? Ist es der Glaube an die eigene Unfehlbarkeit, oder die Furcht vor dem Gesichtsverlust, wenn sie ihre Überzeugungen revidieren müssten? Gewiss ist es ein komplexes Zusammenspiel von Faktoren, das dazu führt, dass sie sich in einem Kokon aus Starrsinn und Inflexibilität verfangen.

Und was ist die Lösung für dieses Dilemma? Ein erster

Schritt wäre sicherlich, die Bereitschaft zur Selbstreflexion zu fördern. Politiker sollten sich immer wieder fragen, ob ihre Ideologien wirklich den aktuellen Herausforderungen und der Realität standhalten. Die Politik sollte ein Ort des Dialogs und des Kompromisses sein, wo Ideen gegeneinander abgewogen werden, um die besten Lösungen zu finden. Ideologische Starrheit führt hingegen nur zu Stillstand und Spaltung.

Es liegt an uns, den Bürgern, diejenigen zur Rechenschaft zu ziehen, die in ideologischer Starrheit verharren und damit das Gemeinwohl gefährden. Wir müssen fordern, dass unsere ausgewählten Vertreter offen für neue Ideen sind und bereit sind, ihre Überzeugungen zu überdenken, wenn es die Realität erfordert. Nur so können wir sicherstellen, dass die Politik nicht in einem ideologischen Morast versinkt, sondern die dringenden Herausforderungen unserer Zeit bewältigt.

„Man sieht nur das, was man weiß.

DER POLITISCHE UMGANG MIT EINER INFEKTIONSKRANKHEIT

Nur der einfältige Mensch glaubte, dass er dem Göttlichen ähnlich sein sollte und danach strebt, die Gesellschaft nach seinem eigenen Bild zu formen. Er fühlt sich dazu berufen.

Wie haben wir doch die letzten Jahre miterlebt, wie unsere werten Politiker versucht haben, sich als die übermächtigen Hüter unserer Nation darzustellen. Ja, der Umgang mit der Pandemie hat uns deutlich vor Augen geführt, wie sehr sie sich danach gesehnt haben, als die überväterlichen Beschützer gegenüber den Naturgewalten dazustehen.

Es scheint, als hätten sie vergessen, dass sie in erster Linie dazu gewählt wurden, um die Interessen der Bürger zu vertreten und die Belange des Volkes zu lenken. Doch in Zeiten von Covid-19 wurde aus vielen von ihnen plötzlich eine Art „Experte" für alles, angefangen von Virologie bis hin zur Seuchenausbreitung. Als ob das Führen eines Landes nicht schon genug Herausforderung wäre, müssten sie jetzt auch noch die Rolle von Gesundheitsexperten übernehmen.

Doch wir sollten nicht vergessen, dass Politiker gewählt werden, um zu regieren, nicht um zu forschen. Ihr Hauptaugenmerk sollte auf der effektiven Umsetzung politischer Maßnahmen und dem Wohl des Volkes liegen. Wenn sie sich stattdessen in den Schuhen von Experten zwängen und dabei kläglich scheitern, ist das weder im Sinne der Demokratie noch der Gesundheit unserer Gesellschaft.

Wenn ich mir die aktuellen Entwicklungen anschaue, kann ich nicht umhin, meine Stirn in Verwunderung zu runzeln. Wir leben in einer Zeit, in der so manche Zeitgenossen offenbar nicht einmal in der Lage sind, die grundlegenden Prinzipien der Wissenschaften zu verstehen. Ja, Sie haben richtig gehört, meine lieben Freunde, die Wissenschaften, die auf „Thesen und Antithesen" basieren.

Diese seltsame Einstellung spaltet nicht nur unsere Gesellschaft, sondern auch die Wissenschaften selbst. Statt wissenschaftliche Erkenntnisse als kollektive Anstrengung zur Erweiterung unseres Wissens zu sehen, werden nun gute Wissenschaftler von schlechten Wissenschaftlern getrennt, je nachdem, ob sie den Regierung - Linie folgen oder nicht.

Wissenschaften bezeichnen ein breites Spektrum an Disziplinen, die systematisch nach Wissen und Erkenntnis streben. Sie umfassen Bereiche wie Naturwissenschaften, Sozialwissenschaften, Geisteswissenschaften und angewandte Wissenschaften. In den Naturwissenschaften werden Phänomene der materiellen Welt erforscht und erklärt, während die Sozialwissenschaften sich mit menschlichem Verhalten, Gesellschaft und Kultur befassen. Geisteswissenschaften widmen sich der Erforschung von Kunst, Literatur, Sprache und Philosophie. Angewandte Wissenschaften nutzen das Wissen aus verschiedenen Disziplinen, um praktische Lösungen für reale Probleme zu finden. Zusammen bilden die Wissenschaften eine grundlegende Grundlage für menschlichen Fortschritt, Innovation und das Streben nach Wissen.

Lasst uns auch gemeinsam die Fakten und die Vernunft über die Verwirrung und die Spaltung stellen. Denn in einer Welt, die von Wissenschaft und Forschung abhängt, können wir es uns nicht leisten, die Wissenschaften zu missachten oder zu verzerrt darzustellen. Die Wahrheit mag manchmal kompliziert sein, aber sie ist der einzige Weg, auf dem wir vorankommen können.

WENN RELIGIÖSER WAHN DIE REGIERUNGEN UNTERWANDERN.

Es war einmal vor langer Zeit, in einem Land, das von religiösem Fanatismus und politischem Chaos heimgesucht wurde. Die Menschen waren tief in ihren religiösen Überzeugungen verstrickt und betrachteten sie als unverrückbare Wahrheiten, die in jeder Facette ihres Lebens Anwendung finden sollten.

Die religiösen Führer nutzen geschickt den Glauben und die Emotionen der Menschen, um politische Macht zu erlangen. Sie predigten eine Ideologie, die auf Intoleranz und Unterdrückung basiert und diejenigen verfolgte, die nicht ihren Glaubensprinzipien folgten.

Diese Verbindung von Religion und Politik führte zu einer Spaltung in der Gesellschaft. Bestimmt, die den religiösen Fanatikern folgten, betrachteten alle anderen als Feinde und glaubten jede Form von Pluralismus oder Toleranz ab.

Die Auswirkungen dieser fanatischen Politik waren verheerend. Es kommt zu gewaltsamen Auseinandersetzungen zwischen verschiedenen religiösen Gruppen, die zu Massakern und Zerstörung führen. Die Grundrechte und Freiheiten der Menschen wurden unterdrückt, da die religiösen Fanatiker ihre eigene Version der Wahrheit aufzwingen wollten.

Die Wirtschaft des Landes litt ebenfalls unter dem religiösen Fanatismus in der Politik. Investoren und ausländische Partner waren zögerlich, Geschäfte zu tätigen oder in das Land zu investieren, aus Angst vor einer instabilen politischen Situation.

Die internationale Gemeinschaft beobachtete mit Besorgnis, wie sich diese fanatische Politik entwickelte. Es gab zahlreiche Versuche, zu vermitteln und eine friedliche Lösung zu finden, aber die religiösen Fanatiker blieben unerbittlich in ihrer Haltung.

Schließlich wurde das Land von einem Bürgerkrieg verwüstet, der aufgrund der Unversöhnlichkeit der religiösen Fanatiker eskalierte. Hunderttausende Menschen starben, während andere gezwungen waren, ihre Heimat zu verlassen und als Flüchtlinge ein neues Leben zu beginnen.

Diese Geschichte ist ein düsteres Beispiel dafür, welche Gefahren religiöser Fanatismus in der Politik mit sich bringen kann. Es zeigt uns, dass Intoleranz, Unterdrückung und Gewalt die Ergebnisse sind, wenn Ideologien über Vernunft und Menschlichkeit gestellt werden.

Wir schreiben das Jahr 2023, Wir erleben den Höhepunkt einer politischen Bewegung, die sich selbst „Die Grünen" nennen.

Diese „Grünen" sind eine recht progressive Gruppe von Menschen, die sich für den Schutz unserer Umwelt und dem sozialen Gefüge einsetzen. Ihr Credo umfasst erneuerbare Energien, nachhaltige Landwirtschaft und den Kampf gegen den Klimawandel. Ihre Vision ist es, eine Welt zu erschaffen, in der Mensch und Natur harmonisch zusammen existieren.

Die Anhängerschaft dieser Bewegung ist vielfältig, von jungen Aktivisten bis zu korrupten Politikern. Alle teilen sie die Überzeugung, dass dringende Maßnahmen zum Schutz unseres Planeten ergriffen werden müssen.

Die Grünen setzen sich auch für soziale Gerechtigkeit ein, doch ihre Methoden werfen Fragen auf. Sie scheinen das hart erarbeitete Eigentum der Bürger durch eine inflationäre Besteuerung zu enteignen, um es nach ihrem naiven Weltbild umzuverteilen. Natürlich profitieren auch ihre Günstlinge und Organisationen von diesem Umverteilungsspiel. Sie kämpfen für gleiche Rechte und Chancen, vorausgesetzt, man unterwirft sich bedingungslos ihrer Ideologie. Sie fordern eine offene Gesellschaft, in der Vielfalt geschätzt wird, solange sie nicht von ihren eigenen Ideen abweicht.

Bisher hat diese Bewegung einige Erfolge erzielt. In vielen Städten wurden Fahrradwege gebaut, um den Autoverkehr zu reduzieren, doch die Energiepreise steigen künstlich durch Massenbesteuerung, und die Autobahngebühren steigen unaufhörlich. Zusätzliche Steuern für Autokäufe und der CO2-Zertifikatehandel entwickeln sich wie eine unaufhaltsame Welle, deren Kosten am Ende bei der Bevölkerung und den Unternehmen landen. Für immer mehr Menschen wird das Leben unbezahlbar.

Die Grünen haben noch viel Arbeit vor sich. Trotz ihrer Existenz existierten nach wie vor einer Industrie und Wirtschaft, auch wenn diese bereits wie ein angeschlagener Boxer in den Seilen hängt.

Die Grünen nicht nur in Deutschland sind fest entschlossen, ihren Weg zu gehen, selbst wenn es bedeutet, einen dritten Weltkrieg heraufzubeschwören. Sie wissen, dass ihre Pläne nicht über Nacht umsetzbar sind, aber ihr Zeitfenster scheint ihnen unerträglich begrenzt.

Ihre Energie gleicht der von Kaiser Nero im alten Rom. Denn man kann nur etwas Neues schaffen, indem man zunächst alles Bestehende zerstört und die Unruhe in der Bevölkerung durch die Last des Wandels zunehmen lässt. Dann sucht man sich einen Sündenbock, dem man alles anlasten kann.

Die politische Dummheit ist nicht auf eine bestimmte Partei beschränkt und kann nicht ideologisch abgeleitet werden. Vielmehr handelt es sich um ein Problem des gesellschaftlichen Wandels, bei dem der gesunde Menschenverstand nicht mehr den gleichen Stellenwert hat wie noch vor einigen Jahren. Quotenregelungen und Gendern scheinen für viele Parteien wichtiger zu sein als die grundlegenden Voraussetzungen, die einen guten Politiker ausmachen. Es ist fraglich, wie jemand wie

Annalena Baerbock Außenministerin werden kann, obwohl sie ständig verspricht und eindeutig an allgemeinem Wissen mangelt.

ANNALENA BAERBOCK

Diese Dame ist ein Paradebeispiel für politische Verblödung. Manche deutschen Bürger dürften sich bis auf die Knochen genieren, doch die Welt krümmt sich vor Lachen über das, was sie fast wöchentlich auf diplomatischen Banketten liefert.

◆ ◆ ◆

Ihre Ausbildung.

Während ihres Studiums arbeitete sie von 2000 bis 2003 als freie Mitarbeiterin der Hannoverschen Allgemeinen Zeitung und absolvierte ein Praktikum bei der Europaabgeordneten Elisabeth Schroedter. Nach dem Studium betreute sie von 2005 bis 2006 deren Website, leitete im Jahr 2007 für mehrere Monate deren

Büros in Berlin und Potsdam und war danach Ansprechpartnerin im Parlamentsbüro in Brüssel bzw. Straßburg.

2005 war sie zusätzlich als Trainee des British Institute of International and Comparative Law (BIICL) tätig. Anschließend war sie von 2008 bis 2009 Referentin für Außen- und Sicherheitspolitik der Bundestagsfraktion von Bündnis 90/ Die Grünen.

Im Jahr 2009 begann Baerbock an der Freien Universität Berlin eine von der Heinrich-Böll-Stiftung geförderte Dissertation zum Thema Naturkatastrophen und humanitäre Hilfe im Völkerrecht. Nach ihrer Wahl als Abgeordnete der Grünen und dem Einzug in den 18. Deutschen Bundestag im Jahr 2013 gab sie an, ihr promotionsvorhaben sei „in den letzten Zügen", ruhe jedoch aufgrund ihrer politischen Tätigkeit. Später brach sie das Vorhaben ab; nach eigenen Angaben, um sich auf ihr Mandat konzentrieren zu können.

2011 absolvierte Baerbock das Fellowship-Programm des transatlantischen German Marshall Fund.

◆ ◆ ◆

Peinliche Versprecher Als Repräsentantin Von Deutschland (Außenministerin)

In der Welt der Politik spielt das Wörtchen „verspecher" eine große Rolle. Obwohl wir von unseren Politikern erwarten, dass sie klug und fehlerfrei sprechen, sind auch diese manchmal wie der größte aller Vollidioten.

Wer erinnert sich nicht an Annalena Baerbocks berühmten Satz bei einer Kundgebung zur EU-Wahl im Jahr 2019? Mit vollem Elan verkündete sie: „Freunde lassen wie Europa gemeinsam verenden." Ein Versprecher, der für reichlich Aufsehen sorgte und große Wellen schlug.

Doch wer hätte gedacht, dass dies nicht der einzige peinliche Versprecher in Baerbocks politischer Karriere war? Bereits damals, als sie noch eine junge Frau war, hatte sie mit ähnlichen Stolpersteinen zu kämpfen.

Als junge Politikerin wäre es jedoch unfair, über diese Fehler zu urteilen, ohne auch die Hintergründe zu berücksichtigen. Es ist bekannt, dass Störungen wie Versprecher Hilfe benötigen – aber sicher nicht im Außenministerium. Dort könnte es unvorstellbare Konflikte auslösen.

Es ist wichtig anzuerkennen, dass jeder von uns Fehler macht, besonders wenn man unter Druck steht und vor einer großen Menschenmenge spricht. Annalena Baerbock ist da keine Ausnahme. Nur sind wir auch keine Minister im Außenamt und präsentieren nicht ganz Deutschland.

Es gibt viele Möglichkeiten, mit solchen peinlichen Momenten umzugehen. Manche Politiker machen Witze darüber, andere entschuldigen sich aufrichtig und versuchen, aus ihren Fehlern zu lernen, oder sie besuchen einen Spezialisten.

Das sich Frau Annalena Baerbock sich noch weiterentwickelt ist sehr unwahrscheinlich.

◆ ◆ ◆

Holocaust-Besuch: Baerbocks Fehltritt

Bei einem Besuch der Holocaust-Gedenkstätte Yad Vashem zeigte Annalena Baerbock ein unangemessenes Verhalten. Nachdem sie diese bedrückende Stätte besucht hatte, postete sie ein Bild von Meereswellen auf Instagram und schrieb: „Ich bin noch tief berührt von meinem Besuch in Yad Vashem, aber nun kommt endlich wieder die Sonne raus." Diese oberflächliche Bemerkung nach einem Besuch an einem Ort des Grauens und des Leidens sorgt für Kopfschütteln und wirft Fragen über Baerbocks Empathie und Respekt auf.

◆ ◆ ◆

Die Kriegsaussage

Bei einer Parlamentsbefragung sagte Baerbock den Satz: „Wir führen einen Krieg mit Russland". Es gibt Momente in der Politik, da kann man sich nur die Augen reiben und den Kopf schütteln. Die deutsche Außenministerin Annalena Baerbock hat sich 2023 in einem öffentlichen Auftritt zur Kriegsrhetorik hinreißen lassen, die bei vielen die Alarmglocken läuten ließ.

Da sagt sie doch tatsächlich, „wir" würden im „Krieg gegen Russland" kämpfen. Doch sollte sie nicht vergessen, dass in einem Krieg nicht nur gewonnen, sondern auch verloren werden kann. Und Russland wird sich so schnell wohl nicht geschlagen geben.

Was das Ganze noch bedenklicher macht, ist die leichtfertige Kunst und Weise, mit der einige deutsche Spitzenpolitiker über Krieg und Frieden schwadronieren. Erinnern wir uns an den Bundesgesundheitsminister Karl Lauterbach (SPD), der im Jahr zuvor aus einer Laune heraus twitterte: „Wir sind im Krieg mit Putin". Das konnte man noch als den Fehltritt eines fachfremden Mitglieds der Bundesregierung abtun.

Aber wenn die deutsche Außenministerin vor der Parlamentarischen Versammlung des Europarats in Straßburg verkündet, „wir kämpfen einen Krieg gegen Russland und nicht gegeneinander", dann müssen wir uns ernsthafte Fragen stellen. Es geht nicht nur um Ungeschicklichkeit, sondern um eine beunruhigende Unachtsamkeit auf höchster politischer Ebene.

◆ ◆ ◆

Die Verblödete Forderung

Die kuriose politische Forderung von Annalena Baerbock , deutsche Außenministerin: Die Ukraine sei erst dann sicher, wenn sich der russische Staatschef Putin seine Positionierung zur Ukraine „um 360 Grad" dreht.

Wer sich tatsächlich um 360 Grad dreht, steht am Ende wieder in derselben Ausgangsposition – was nicht gerade zu einer Veränderung führen würde. Es scheint, als hätte die Außenministerin hier ein kleines Missverständnis gehabt und eigentlich eine „180-Grad-Wende" gemeint.

Lassen wir die Mathematik beiseite und betrachten wir den humorvollen Aspekt dieser Aussage. Stellen wir uns vor, Putin würde sich tatsächlich um 360 Grad drehen. Was würde passieren? Nun, er würde sich im Kreis drehen und am Ende genau dort landen, wo er angefangen hat. Es wäre eine komische Situation.

Zusätzlich peinlich das man 3 mal nachfragte wegen der 360 Grad Forderung und Annalena behauptete jedes Mal das dies eine Grundvoraussetzung sei um ernsthafte Friedensverhandlungen zu führen.

Vielleicht könnte diese Idee sogar als eine neue Art der politischen Verhandlungstaktik dienen - statt schwieriger politischer Diskussionen könnten Politiker einfach im Kreis tanzen, um ihre Meinungsverschiedenheiten beizulegen. Wer weiß, wäre vielleicht das eine unterhaltsame Alternative zu den üblichen diplomatischen Verfahren.

Wie auch immer, Putin ist dieser Forderung nachgekommen und

beharrt auf seinem ursprünglichen Standpunkt.

◆ ◆ ◆

Die Erstaunliche Welt Der Annalena

In einem Interview wurde Frau Baerbock gefragt, wie sie die Herausforderungen der Energiewende bewältigen würde. Ihre Antwort? Halten Sie sich gut fest: „Wir werden einfach alle Kohlekraftwerke in Luft auflösen und durch riesige Windräder ersetzen. Der Wind wird uns schon die Energie liefern, die wir brauchen – egal ob es windstill ist oder nicht. Wir werden einfach kräftig pusten!"

Ja, Sie haben richtig gehört! Die Lösung für unsere Energieprobleme liegt auch in der Hand von

Mutter Natur. Einfach ein paar riesen Ventilatoren aufstellen und kräftig durchpusten – schon haben wir genug Strom für alle! Wer hätte gedacht, dass die Antwort auf unsere Energieprobleme so einfach sein könnte?

Aber Moment mal, was ist mit den Tagen, an denen kein Wind weht? Nun, laut Frau Baerbock müssen wir uns einfach alle hinstellen und gemeinsam pusten. Eine nationale Puste-Initiative, bei der die gesamte Bevölkerung im Chor bläst, um die Windräder anzutreiben. Das klingt doch nach einer grandiosen Idee! Vielleicht könnten wir sogar olympische Puste-Wettbewerbe veranstalten, um zu sehen, wer die längste Atemkraft hat.

Natürlich müssen wir uns auch Gedanken über die Umweltauswirkungen machen. Aber keine Sorge, Frau Baerbock hat bereits eine Lösung parat: „Wir werden einfach alle CO2-Emissionen in der Luft auflösen. Dafür lassen wir eine Armee von Einhörnern regenbogenfarbene Blasen produzieren, die das schädliche CO2 einfangen und es in Glitzerstaub verwandeln. Die Welt wird nicht." nur sauber, sondern auch wunderschön sein!

Es ist bewundernswert, wie Frau Baerbock mit diesen innovativen Vorschlägen die Energiewende vorantreiben möchte. Es ist schnell so, als ob sie in einer fantastischen Märchenwelt lebt, in der alles möglich ist. Leider leben wir in der Realität, in deren Lösungen etwas komplexer sind und auf fundierten wissenschaftlichen Erkenntnissen basieren sollten.

Diese absurde Aussage soll keineswegs die ernsten Herausforderungen der Energiewende herunterspielen. Es ist jedoch wichtig, dass politische Führerinnen und Führer realistische und durchdachte Lösungsansätze präsentieren, um unsere Zukunft nachhaltig zu gestalten.

◆ ◆ ◆

Ignazio Cassis: Baerbocks Versprecher

Bei einem Außenministertreffen nannte Annalena Baerbock ihren Schweizer Kollegen Ignazio Cassis „Ignasco“. Dieser Vorfall ereignete sich während der Eröffnung der 6. Deutsch-Belgischen Konferenz und führte zu Verwirrung und Gelächter.

◆ ◆ ◆

Baerbock Die Diplomatin

In einem Interview bezeichnete Annalena Baerbock den chinesischen Präsidenten Xi Jinping als „Diktator“. Diese Äußerungen sorgen für Aufregung und China reagierte darauf. Die chinesische Außenamtssprecherin Mao Ning warf Baerbock eine „offene politische Provokation“ vor und bezeichnete ihre Aussagen als „extrem absurd und eine schwere Verletzung der politischen Würde Chinas“.

◆ ◆ ◆

Dialog Mit Alexander Schallenberg:

Im Jahr 2022 ereignete sich ein peinlicher Dialog zwischen Annalena Baerbock und ihrem österreichischen Amtskollegen Alexander Schallenberg (ÖVP). Bei einem Treffen übergab Schallenberg Baerbock als Abschiedsgeschenk ein Wörterbuch. Dabei kam es zu einer unglücklichen Verwechslung der Namen:

Schallenberg: „Und ich habe als kleine Anekdote, damit es nie zu Missverständnissen zwischen uns kommt, ein kleines Wörterbuch Österreichisch-Deutsch mitgebracht."

Baerbock: „Herzlichen Dank, Herr Strache! Das ist sehr wichtig... auf jeder Pressekonferenz."

Es scheint, dass Baerbock hier die Namen von Schallenberg und dem ehemaligen österreichischen Politiker Heinz-Christian Strache durcheinandergebracht hat. Eine peinliche Situation, die Fragen darüber aufwirft, wie Politiker in verantwortungsvolle Positionen gelangen können. Manchmal scheint die Realität in der politischen Welt absurder zu sein als jede Satire.

◆ ◆ ◆

Ukraine-Krieg: Baerbocks Ungenauer Historischer Bezug

In einer Fernsehdebatte zum Ukraine-Konflikt stellte die deutsche Außenministerin Annalena Baerbock eine bemerkenswerte Aussage über den Einsatz von Panzern im 19. Jahrhundert. Sie erklärte: „Krieg wird heute anders geführt als im 19. Jahrhundert, als nur mit Panzern gekämpft wurde."

Nun ist es schwer vorstellbar, wie Napoleon Bonaparte, der legendäre französische General aus dem 19. Jahrhundert, mit modernen Panzern hätte kämpfen können. War er vielleicht ein Pionier der Militärtechnik? Oder hat Ministerin Baerbock hier etwas verwechselt?

Es ist auf jeden Fall amüsant zu sehen, wie Politiker manchmal historische Fakten verdrehen. Aber sagen wir es so: Es ist höchst unwahrscheinlich, dass Napoleon tatsächlich mit Panzern auf dem Schlachtfeld gekämpft hat. Schließlich wurden die ersten Panzer im Ersten Weltkrieg entwickelt – lange nach Napoleons Zeiten.

Man kann nur vermuten, dass sich Baerbock in ihrer Aussage etwas verheddert hat. Vielleicht wollte sie damit sagen, dass sich die Art der Kriegsführung seit dem 19. Jahrhundert erheblich verändert hat – und das wäre zweifellos richtig. Moderne Konflikte werden mit einer Vielfalt von Waffen und Technologien ausgetragen, die damals undenkbar waren.

Natürlich sollten wir solche Aussagen mit Vorsicht genießen. Politiker sind nur Menschen und machen von Zeit zu Zeit Fehler. Dennoch ist es wichtig, dass unsere gewählten Vertreter gut informiert sind und historische Fakten genau wiedergeben.

Angesichts der Tatsache, dass Napoleon Bonaparte keinen Zugang zu Panzern hatte, können wir über diese seltsame Aussage nur lächeln und amüsieren, wie blöd doch Grüne Politiker sein können.

◆ ◆ ◆

Entfernte Länder:

Baerbock sorgte für Aufsehen, als sie behauptete, es gebe Länder, die „Hunderttausende von Kilometern" entfernt liegen! Baerbock kennt Länder, die Hunderttausende (!) von Kilometern entfernt sind

Die deutsche Außenministerin der Grünen, hat ein außergewöhnliches geografisches Wissen – zumindest nach ihren eigenen Worten.

Bei einer Veranstaltung gab Baerbock bekannt, dass sie Länder kennt, die „Hunderttausende von Kilometern" entfernt liegen, das ist wirklich beeindruckend! Vielleicht denkt sie an einen fernen Planeten oder gar an das Universum selbst? Denn auf der Erde gibt es keine Länder, die Hunderttausende von Kilometern entfernt sind.

Man könnte sich fragen, welche exotischen Orte Baerbock im Sinn hatte. Gibt es ein geheimes Land jenseits des Horizonts, von dem wir nichts wissen? Oder handelt es sich hier einfach um eine kleine Verwechslung in den Maßeinheiten?

Es ist verständlich, dass Politikerinnen und Politiker sich ab und zu versprechen oder ungewöhnliche Aussagen machen. Aber bitte, liebe Frau Baerbock, teile Sie uns mit, welche Länder Sie gemeint haben, die so weit entfernt sind!

Um einen Vergleich anzustellen, wollen wir uns kurz vorstellen, dass Berlin der Ausgangspunkt ist. Bei einer Entfernung von 100.000 Kilometern haben wir es mit einem wahrhaft spektakulären Abenteuer zu tun. Wenn Berlin der Startpunkt ist, können wir uns vorstellen, dass Sie Länder wie die Sonne, den Mars oder sogar den Rand des Universums im Blick haben.

Doch Spaß beiseite, es ist wichtig, dass unsere ausgewählten Vertreterinnen und Vertreter in der Politik genaue Informationen liefern und sich korrekt ausdrücken. Sonst könnte man meinen, dass sie unter Drogen stehen.

◆ ◆ ◆

Kolonialgeschichte Zwischen Nigeria Und Deutschland:

Baerbock berichtete von einer dunklen Kolonialgeschichte zwischen Nigeria und Deutschland, die es so nicht gibt Es scheint, unsere Außenministerin Annalena Baerbock hat eine Faible für die Weltpolitik und eine besondere Vorliebe für exotische Geschichtsstunden.

Nun, da gibt es nur ein kleines Problem: Nigeria wurde nicht von Deutschland, sondern von Großbritannien kolonialisiert. Ja, richtig gehört, das war das Empire, das in dieser Hinsicht das Ruder in der Hand hatte.

Man kann nur den Kopf schütteln über solche historischen Verwirrungen. Es ist, als würde man behaupten, die österreichischen Kaiserkronen seien ein Erbstück der britischen Königin – völlig absurd!

Aber vielleicht ist es ja eine neue Strategie, um internationale Beziehungen zu knüpfen. Wer weiß, vielleicht hat unsere Ministerin einen Masterplan, um

Nigeria doch noch zur deutschen Kolonie zu machen – als exklusiver Urlaubsort für Bundespolitiker? Oder sie hat einfach einen kleinen Ausflug in alternative Geschichtsbücher gemacht.

Egal, wie man es dreht und wendet, es bleibt ein amüsanter Einblick in die verworrene Grüne Welt der Politik. Wir sollten uns auf jeden Fall darauf gefasst machen, was als Nächstes kommt – denn bei Frau Baerbock ist ein politisches Fettnäpfchen eine Bank.

Nun, meine lieben Leserinnen und Leser, wenn es um komödiantische Einlagen in der Politik geht, dann könnte unsere Außenministerin Annalena Baerbock ohne weiteres die Hauptdarstellerin in einer Neuauflage von „Die nackte Kanone" sein. Denn was sich in ihren Amtsjahren abspielte, ist eine Comedy-Programm für sich.

◆ ◆ ◆

Südafrika Und Der Speck

Verwechslung bei Rede in Südafrika: Bei einer Rede in Südafrika verwechselte Baerbock das Wort „Hoffnungsschimmer“ mit „Frühstücksspeck“ Meine geschätzten Genussliebhaber und Leserinnen, ich muss Ihnen von einer wahrlich kuriosen Episode berichten, die sich im politischen Zirkus abgespielt hat. Die deutsche Außenministerin Annalena Baerbock besuchte Südafrika und versuchte dabei, ihre Gastgeberin, Amtskollegin Naledi Pandor, vor laufenden Kameras zu beeindrucken. Sie wollten wohl betonen, dass der Weg Südafrikas in die Freiheit ein Hoffnungsschimmer für die ganze Welt gewesen sei. Allerdings, und das ist der Clou, versuchte sie dies auf Englisch zu tun – und da passierte es.

Aus dem „Hoffnungsschimmer“ (Beacon) wurde in ihrer Rede laut und deutlich „Frühstücksspeck“ (Bacon). Vielleicht ist das ein Zeichen, dass Frühstücksspeck ein Hoffnungsschimmer für die Welt sein kann. Wer würde nicht gerne den Tag mit einer knusprigen Scheibe Bacon beginnen?

Immerhin können wir froh sein, dass sich dieser kleine Lapsus nicht in einem muslimischen Land ereignet hat, denn dort hätte der Vergleich der eigenen politischen Entwicklung mit gepökelten und geräucherten Bauchfleischscheiben vom Schwein wohl als ziemlich schwerwiegende Beleidigung aufgefasst werden können. Aber Pandor, Annalenas Gastgeberin, ist zwar Muslimin ist, scheint zum liberalen Flügel dieser Religion zu gehören, denn sie hat sich – zumindest offiziell – nicht zu dem Schweinegleichnis geäußert.

So blieb uns am Ende nur der Genuss von Bacon, egal ob er politische Bedeutung hatte oder nicht.

◆ ◆ ◆

Annalena Baerbocks Roadtrip In Texas

Die deutsche Außenministerin Annalena Baerbock hat im Rahmen ihres USA-Besuchs einen Roadtrip durch Texas unternommen. Sie begann ihre Reise mit einem Treffen mit dem Gouverneur von Texas, Greg Abbott, und markierte damit den Beginn ihrer USA-Reise.

Der Roadtrip ermöglichte es Baerbock, den wahren Geschmack Amerikas zu erleben, indem sie typisch amerikanische Restaurants besuchte und ein BBQ-Grillfest in Texas genoss. Für sie war es eine Gelegenheit, in die authentische amerikanische Erfahrung einzutauchen, und es hinterließ auf jeden Fall einen Eindruck.

Die Entscheidung, einen Roadtrip zu unternehmen, warf jedoch Fragen über Baerbocks ökologischen Fußabdruck auf, insbesondere da sie mit einem staatseigenen Airbus A350 nach Texas gekommen war. Um zu vermeiden, dass die gleiche Strecke zweimal geflogen wird, folgte das Flugzeug seiner Reise von Austin nach Houston, legte dabei 236 Flugkilometer zurück und verbrauchte rund 4,5 Tonnen Kerosin.

Trotz der Umweltbedenken zeigte der Roadtrip eine andere Seite von Texas und bot einen Einblick in seine einzigartige Kultur und Küche. Vom Genuss köstlicher Steaks, die während der Fahrt im Bus serviert wurden, bis hin zur Gastfreundschaft des Lone Star State hatten Baerbock und ihr Team mit Sicherheit ein unvergessliches Erlebnis.

Während einige die damit verbundenen zusätzlichen Kosten kritisierten, wie zum Beispiel die Einrichtung einer Ausschiffungstreppe von Oklahoma auf einem Luftwaffenstützpunkt in Wichita Falls, wurde der Roadtrip mit einer Zugfahrt von Washington nach New York fortgesetzt, um ein CO2-neutraleres Transportmittel zu gewährleisten.

Es ist erwähnenswert, dass es im politischen Wahlkampf recht ereignisreich werden kann. Der Roadtrip durch Texas bot Baerbock die Gelegenheit, mit den örtlichen Gemeinden in Kontakt zu treten und Einblicke in ihre Anliegen und Wünsche zu gewinnen.

Baerbocks diplomatisches Debakel in Dubai: Wenn Ironie zur Realität wird

In einer beispiellosen Episode diplomatischer Missgeschicke und Ironie wurde Annalena Baerbock, die sich als Klimaaktivistin und Politikerin profiliert, bei einem Besuch in Dubai von den Scheichs offen ausgelacht und befohlen, das Land zu verlassen. Diese unangenehme Szene ereignete sich während der Klimakonferenz, als Baerbock den arabischen Staaten ernsthaft nahelegte, auf Öl und Gas zu verzichten.

Die illustren Scheichs waren offensichtlich verwundert über die Dreistigkeit dieser Forderung. Sie wiesen auf die Heuchelei hin, die sie in Baerbocks Aussagen sahen. In einem Moment, der eher einer Comedy-Show glich als einer diplomatischen Versammlung, warfen sie ihr vor, kein echter Diplomatin zu sein und betonten die Tatsache, dass Europa und Amerika zu den größten Abnehmern von Öl und Gas gehören, die damit ihren eigenen Wohlstand haben sicherstellen.

Während Baerbock hartnäckig versuchte, ihre Standpunkte zu verteidigen und die Dringlichkeit des Klimawandels hervorzuheben, verlor die Scheichs nicht ihren Sinn für Ironie. Sie verweisen auf die Realität, dass die westlichen Länder, die so lautstark den Verzicht auf fossile Brennstoffe fordern, gleichzeitig maßgeblich von diesen Energieträgern profitieren.

Die Szene wurde zum Gesprächsthema und sorgte für ein Schmunzeln bei den Zuschauern der Klimakonferenz. Manche betrachten es als eine Ironie der Geschichte, dass ausgerechnet in Dubai, einem Zentrum des Ölgeschäfts, eine Politikerin empfohlen wurde, das Land zu verlassen, nachdem sie dort energisch den Verzicht auf eben jene Ressource gefordert hatte, die die Region reich gemacht hat.

Die Episode endet mit der bitteren Einsicht, dass Diplomatie manchmal in der Ironie des eigenen Handelns verloren gehen kann – insbesondere, wenn politische Standpunkte mit einem Preis Realitätsverlust vorgetragen werden.

Baerbock Entdeckte Ein Unbekanntes Land Bei Ihrem Besuch In Der Ukraine.

Peinlich diese deutsche Außenministerin, als sie bei der Pressekonferenz ihre Eindrücke von der Ukraine erzählte. Frau Baerbock hatte einen kurzen Abstecher in die Ost-Kokaine gemacht.

Es
scheint, sie fand einen wahrhaftigen Schatz und dachte vielleicht: "Habt
Ihr das vernommen? Ich befinde mich in der Ost-Kokaine, wo kein Kokain zu
finden ist, jedoch eine Fülle an Problemen, das ist wahrlich erstaunlich."

Die Ost- Kokaine, jetzt ist es klar die Werte der GrünINNEN,

Drogen standen immer auf ihre Tagende und das Kokain Land muss verteidigt werden.

Wie auch immer „Naiv wie ich bin und ich mir einbilde Baerbock ist bloß die menschgewordene Dummheit, der MessiasINNEN wie es die religiöse. Glaube ich an einen Versprecher der Dame.

◆ ◆ ◆

Schlussbemerkung:

Ist Annalena Baerbock wirklich die geeignete Kandidatin für das Amt des Außenministeriums? Nun, meine Damen und Herren, ob sie dafür qualifiziert ist, geht mich persönlich nichts an. Dennoch möchte ich einen Gedanken mit Ihnen teilen.

In der freien Marktwirtschaft, wo Unternehmen nach Effizienz und Erfolg streben, würde kein Unternehmer jemanden einstellen, der nicht in der Lage ist, den Betrieb angemessen zu vertreten. Und hier kommt die Frage auf: Kann Frau Baerbock mit ihren peinlichen Versprechern und Fehltritten wirklich die Interessen Deutschlands in der internationalen Arena vertreten?

Natürlich, meine verehrten Leserinnen und Leser, es wäre ungerecht, jemanden nur anhand seines Fehlers zu beurteilen. Doch als kritischer Beobachter müssen wir uns fragen, ob Frau Baerbock für eine Position wie das Außenministerium ausreichend vorbereitet ist. Diplomatie erfordert Fingerspitzengefühl, Eloquenz und die Fähigkeit, klare Botschaften zu vermitteln.

Es ist von entscheidender Bedeutung, dass unsere politischen Vertreterinnen und Vertreter in der Lage sind, unser Land würdig und souverän zu

repräsentieren. In einem globalisierten Zeitalter, in dem jeder Schritt und jedes Wort aufgezeichnet und analysiert wird, müssen wir sicherstellen, dass unsere Außenpolitik von kompetenten und erfahrenen Persönlichkeiten gestaltet wird.

Meine lieben Leserinnen und Leser, ich möchte an dieser Stelle betonen, dass dies lediglich meine persönliche Meinung ist. Letztendlich liegt es an Ihnen, Ihre eigenen Schlüsse zu ziehen und eine begründete Entscheidung zu treffen. Doch lassen Sie uns nicht vergessen, dass die Wahl der richtigen Person für das Amt des Außenministeriums von großer Bedeutung für die Zukunft Deutschland ist.

ROBERT HABECK DER NÄCHSTE POLITISCHE

AKTEUR

Steckbrief Robert Habeck

Robert Habeck Geboren am 2. September 1969 in Lübeck ist ein deutscher Politiker (Bündnis 90/Die Grünen) und Schriftsteller. Er ist seit dem 8. Dezember 2021 der Stellvertreter des Bundeskanzlers sowie Bundesminister für Wirtschaft und Klimaschutz der Bundesrepublik Deutschland.

Gemeinsam mit Annalena Baerbock war er vom 27. Januar 2018 bis zum 14. Februar 2022 Bundesvorsitzender der Partei Bündnis 90/Die Grünen. Für die Bundestagswahl 2021 waren Baerbock und er das Spitzenduo der Grünen, wobei Baerbock Kanzlerkandidatin war.

Habeck zog 2009 erstmals in den Schleswig-Holsteinischen Landtag ein und wurde dort Fraktionsvorsitzender. Bei der vorgezogenen Neuwahl 2012 und bei der Landtagswahl 2017 trat er als Zweiter auf der Landesliste seiner Partei an. Von 2012 bis 2018 amtierte er als stellvertretender Ministerpräsident und Minister für Energiewende, Landwirtschaft, Umwelt und Natur (ab 2017 auch für Digitalisierung) im Kabinett Albig sowie im Kabinett Günther I. Nach der Wahl zum Bundesvorsitzenden seiner Partei 2018 trat er von seinem Ministeramt zurück. Bei der Bundestagswahl 2021 errang er für die Grünen das Direktmandat im Wahlkreis Flensburg-Schleswig mit 28,1 Prozent der Erststimmen.

Geneigte Leserinnen und Leser, möget Ihr Euch in wohliger Behaglichkeit zurücklehnen, Euch eine Tasse Kaffee, Tee oder gar einen edlen Tropfen Wein oder Bier gönnen, ja, vielleicht sogar ein Schlückchen Korn, und möget Ihr Euch mir anschließen auf eine Reise durch die Zeiten. Denn in unserem Tun wird die Vergangenheit lebendig und verschmilzt mit der gegenwärtigen

Stunde.

◆ ◆ ◆

Habeck: "Unternehmen Sind Nicht Insolvent, Sie Hören Nur Auf, Zu Verkaufen"

Da erklärte Habeck, dass sich bestimmte Branchen einfach ihre Produktion einstellen könnten, ohne insolvent zu werden. Das schien ihm ein wahrhaft weiser wirtschaftlicher Schachzug zu sein. TV Moderatorin Sandra Maischberger konnte nur die Stirn runzeln und sich fragen, wie zum Teufel das funktionieren sollte.

Doch Habeck ließ sich nicht davon abhalten, seine Gedanken weiterzuspinnen. Er wagte einen Vergleich mit Brötchen. Ja, Brötchen! Er erläutert, dass Discounter-Brötchen möglicherweise sogar günstiger sein könnten als die der traditionellen Bäckereien. Als ob dies die Lösung für sämtliche Probleme wäre! Die Unternehmen mit teureren Produkten könnten einfach aufhören zu verkaufen, da die Menschen plötzlich ausschließlich Discounter-Brötchen verzehren würden. Genial, oder?

Aber Moment mal, wie wollte Habeck sicherstellen, dass dieses Unternehmen keine massiven Verluste verzeichnete, wenn sie keine Einnahmen mehr hätten? Dies blieb wohl sein Geheimnis. Und als Maischberger nachhakte, herrschte große Stille. Habeck verlor sich in seinen eigenen Überlegungen und erklärte vage, dass Unternehmen vielleicht ihre Aktivitäten einstellen müssten, falls die Regierung nicht einschreitet. Eine Insolvenzwelle? Ach, das sei doch nicht so schlimm.

Ja, meine Damen und Herren, hier haben wir es mit einem wahren Wirtschafts-Genie zu tun. Habeck scheint zu glauben, dass man einfach den Stecker ziehen könnte, und die Wirtschaft würde sich von allein wieder erholen. Insolvenz? Ein Begriff, den er offensichtlich nicht so recht versteht.

Man kann nur hoffen, dass Habeck bald mit beiden Beinen auf dem Boden der Realität landen würde, bevor er noch mehr Verwirrung, in der ohnehin schon turbulenten politischen Landschaft stiftet. Oder vielleicht sollten wir alle einfach auf Discounter-Brötchen umsteigen und unsere wirtschaftlichen Sorgen vergessen. Wer braucht schon Logik, solange es Brötchen gibt und Narren als Wirtschaftsminister?

◆ ◆ ◆

Habeck Zerstört Die Deutsche Wirtschaft Innerhalb Von 2 Jahren.

Da hat unser lieber Habeck ja ganze Arbeit geleistet, meine Damen und Herren! Unsere geliebte deutsche Wirtschaft und Industrie wurden von ihm förmlich mit Riesenschritten zerstört. Es ging unglaublich schnell

Vieles wurde unternommen, um das Gewerbe komplett zu zerstören, als würde man eine arme Weihnachtsgans ausnehmen. Der Handel wurde regelmäßig stranguliert und die Wirtschaft erlitt einen Schlag nach dem anderen. Die Lockdown-Politik brachte keine Ergebnisse und trieb Unternehmen an den Rand des Abgrunds.

Der Höhepunkt kam im Jahr 2023 mit unglaublichen 50.000 Abwanderungen und Schließungen von Industriebetrieben im ersten Halbjahr. Eine wahre Tragödie für unser Land und seine Wirtschaft. Habeck hat ganze Arbeit geleistet, wenn es darum geht, die deutsche Industrie zu schwächen. Hoffen wir, dass sich die Zeiten bald zum Besseren wenden!

Und als ob all das nicht schon genug wäre, setzt Habeck nun noch einen drauf. Er zwingt die deutschen

Haushalte förmlich dazu, ihre Heizungen auszubauen und zu ersetzen, es sei denn, sie können nachweisen, dass ihre Heizsysteme zu mindestens 65 Prozent mit erneuerbarer Energie betrieben werden.

Das ist kaum zu fassen! Als ob Deutschland nicht genug finanzielle Belastungen durch seine Politik ertragen müssten, kommt jetzt auch noch diese Zwangsumrüstung der Heizungen hinzu. Unsere Geldbeutel werden regelmäßig geplündert, während Habeck seine grüne Agenda vorantreibt.

Es ist schön und gut, sich für erneuerbare Energien einzusetzen, aber muss man die Bürger gleich zwingen, ihre Heizungen auszutauschen? Das ist wieder typisch für Habeck: Er denkt, er weiß es besser und drückt seine Ideen gnadenlos durch, ohne Rücksicht auf die finanzielle Belastung, die er den Menschen auferlegt.

Man fragt sich wirklich, wann dieser Wahnsinn ein Ende haben wird. Hoffentlich wachen die Wähler bei der nächsten Wahl auf und setzen ein Zeichen gegen diese unverhältnismäßige Politik

◆ ◆ ◆

Habeck Treibt Die Energiekosten In Die Höhe.

Ja, ja, da haben wir den Salat! Habeck treibt die Stromkosten in die Höhe, als ob es keinen Morgen mehr gäbe. Er hat tatsächlich die Atomreaktoren abschalten lassen. Und als ob das allein schon nicht genug wäre, hat er auch die Kohlenwerke, die zu Beginn seiner Herrschaft geschlossen wurden, wieder hochgefahren. Jetzt wird wieder „schwarzes Gold" gefördert, denn Deutschland hat durch die Schließung der Atommeiler einfach zu wenig Strom zur Verfügung.

Man fragt sich wirklich, was in seinem Kopf vorgeht. Er setzt auf die Abschaltung von sicheren und stabilen Energiequellen wie den Atomreaktoren und lässt dann die Kohlenwerke wieder anspringen. Es ist, als ob er nach dem Motto: „Hauptsache, wir haben Strom, egal zu welchem Preis."

Und wer zahlt am Ende die Zeche? Natürlich wir, die Bürgerinnen und Bürger. Die Stromkosten explodieren förmlich und belasten unsere Haushalte enorm. Habeck scheint sich überhaupt nicht im Klaren darüber zu sein, wie viel Schaden er mit seiner Politik anrichtet.

Man kann nur hoffen, dass die Vernunft bald Einzug hält und wir zu einer nachhaltigen und bezahlbaren Energiepolitik zurückkehren. Bis dahin müssen wir wohl weiterhin unter den Konsequenzen von Habecks Entscheidungen leiden.

Deutschland steckt seit dem Winterhalbjahr 2022/2023 tief in einer Rezession. Die hohe Inflation und viele andere wirtschaftliche Faktoren haben dazu beigetragen. Die Geldbörsen der Bürgerinnen und Bürger werden immer dünner, während die Preise in die Höhe schießen. Da bleibt kaum etwas anderes, als den Gürtel enger zu schnallen und auf Annehmlichkeiten zu verzichten.

Diese wirtschaftliche Talfahrt hat Deutschland hart getroffen. Die Rezession wirkt sich auf Unternehmen,

Arbeitsplätze und die Lebensqualität der Menschen aus. Es ist höchste Zeit, dass Habeck aus seinem Amt verstoßen wird

◆ ◆ ◆

Der Wahnsinn, Das Gebäudeenergiegesetz.

Da haut uns dieses Gebäudeenergiegesetz um, da kriegt man echt Gänsehaut! Aber mal ehrlich, was passiert denn da mit den Menschen, die sich das Ganze nicht leisten können? Und was ist mit den guten alten Heizsystemen, die noch voll im Saft stehen?

Da fragt man sich echt, was geht da ab? Dieses Gesetz, das haut einen echt um. Und was ist mit den Leuten, die das nicht auf die Kette kriegen? Und was passiert mit den alten Heizungsdingern, die noch voll auf Zack sind?

Ehrlich gesagt, da müssen wir echt mal drüber quatschen, Leute! Was geht mit diesem Energiegesetz? Und was ist mit den Leuten, die sich das nicht leisten können? Und was passiert mit den alten Heizdinger?

◆ ◆ ◆

Das Gebäudeenergiegesetz (Original Vom Ministerium Kopiert)

Der Entwurf des Gebäudeenergiegesetzes, zur Änderung der Heizkostenverordnung und zur Änderung der Kehr- und Überprüfungsordnung Anlagen: - 3 - Anliegenden Gesetzentwurf nebst Beschlussvorschlag und Sprechzettel für den Regierungssprecher übersende ich mit der Bitte, die Zustimmung der Bundesregierung in der Kabinettssitzung am 19. April 2023 im Rahmen eines ordentlichen Tagesordnungspunktes mit Aussprache herbeizuführen. Der vorliegende Gesetzentwurf verankert im Gebäudeenergiegesetz (GEG) die sog. Heizen-mit-Erneuerbaren-Regelung. Diese soll gewährleisten, dass grundsätzlich ab Januar 2024 nur noch moderne, zukunftsfähige Heizungen auf einer Basis von mindestens 65 Prozent erneuerbaren Energien in Deutschland eingebaut werden dürfen.

Mehr als ein Drittel des gesamten Energiebedarfs in Deutschland wird zum Heizen der Gebäude und zur Versorgung mit Warmwasser verbraucht. Die mit diesem Gesetz forcierte Beschleunigung der Wärmewende ist daher nicht nur klimapolitisch, sondern auch geopolitisch und ökonomisch geboten. Um die Pflicht zur Nutzung von mindestens 65 Prozent erneuerbarer Energie in neu eingebauten Heizungen zu erfüllen, können die Eigentümer entweder eine individuelle Lösung umsetzen und den Anteil erneuerbarer Energien rechnerisch nachweisen oder zwischen gesetzlich vorgesehenen pauschalen erfüllungsoptionen frei wählen. Das Gesetz ist also bewusst technologieneutral ausgestaltet. Dadurch sind eine große Bandbreite und individuelle Passgenauigkeit bei der Umsetzung der Regelung gewährleistet. Zudem ermöglicht das Gesetz auch beim Einbau von neuen Heizungen in bestehenden Gebäuden noch die partielle Nutzung von fossilen Energien; werden diese in einer Hybridheizung verwendet, entfällt die Begrenzung auf bestehende Gebäude. Die

verantwortlichen Eigentümer müssen allerdings bei jedem Heizungswechsel berücksichtigen, dass spätestens bis zum Jahr 2045 die Nutzung von fossilen Energieträgern beendet und danach alle Heizungen vollständig mit erneuerbaren Energien betrieben werden müssen. Dieser Gesetzentwurf sieht zudem Vorgaben für die Erhöhung der Energieeffizienz im Gebäudeenergiebereich vor, die schnell wirken und gewährleisten sollen, dass Heizenergie, egal ob mit fossilen Energien oder mit erneuerbaren Energien erzeugt, effizient genutzt wird. Da der Umbau der Wärmeversorgung aufgrund der großen Vielfalt an Gebäuden, der unterschiedlichen Situation der Eigentümer und den Auswirkungen auf die Mieter mit großen und zahlreichen Herausforderungen verbunden ist, wird der Umstieg mit angepassten Fördermöglichkeiten sowie ausreichenden Übergangsregelungen und Ausnahmen begleitet. So wird auch den sozialen Aspekten angemessen Rechnung getragen, beispielsweise mit Ausnahmeregelungen für ältere Personen oder Bestimmungen zum Schutz von Mieterinnen und Mietern vor zu hohen Kostenbelastungen. Auch die besonderen Umstände bei Einrichtungen der sozialen oder kulturellen Daseinsvorsorge werden berücksichtigt. Niemand wird im Stich gelassen

Die Ressortabstimmung ist abgeschlossen. Das Bundeskanzleramt, das Bundesministerium der Finanzen, das Bundesministerium des Innern und für Heimat, das Bundesministerium für Arbeit und Soziales, das Bundesministerium der Verteidigung, das Bundesministerium für Ernährung und Landwirtschaft, das Bundesministerium für Familie, Senioren, Frauen und Jugend, das Bundesministerium für Gesundheit, das Bundesministerium für Digitales und Verkehr, das Bundesministerium für Umwelt, Naturschutz, nukleare Sicherheit und Verbraucherschutz und das Bundesministerium für Bildung und Forschung haben dem Gesetzentwurf zugestimmt; die weiteren Ressorts haben keine Einwände erhoben. Das Bundesministerium der Justiz wurde zum Zwecke der Rechtsprüfung gemäß § 46 Abs. 1 GGO beteiligt. In Anbetracht des engen Zeitrahmens konnte die Rechtsprüfung nicht abgeschlossen werden. Aus Sicht des Bundesministeriums für Wirtschaft und Klimaschutz steht die noch nicht abgeschlossene Rechtsprüfung einer Kabinettbefassung nicht im Wege; das Bundesministerium der Justiz ist dem nicht entgegengetreten. Der Bundesbeauftragte für Wirtschaftlichkeit in der Verwaltung und der Bundesbeauftragte für den Datenschutz und die Informationsfreiheit wurden beteiligt. Die für Energie und Bauwesen zuständigen Ministerien der Länder sowie die relevanten Verbände einschließlich der Kommunalen Spitzenverbände wurden beteiligt. Änderungsvorschläge wurden im Rahmen der Möglichkeiten berücksichtigt. Die Anforderungen an die Abschätzung der Rechtsfolgen nach § 44 GGO sind erfüllt. Dem Nationalen normenkontrollrat wurde das Vorhaben übermittelt. Der Rat hat das Regelungsvorhaben noch nicht abschließend prüfen können und reicht seine Stellungnahme nach Vorlage des endgültigen Regelungsentwurfs zu einem späteren Zeitpunkt nach. Für die Verpflichtung zur Nutzung von mindestens 65 Prozent erneuerbarer Energie in neu eingebauten Heizungen entsteht bis 2028 folgender jährlicher Erfüllungsaufwand:

- für die Verwaltung (Bund, Land, Kommunen) rund 449 Millionen. Dem stehen Einsparungen über die Betriebszeit von 18 Jahren in Höhe von rund 974 Millionen EUR gegenüber; - für die Bürgerinnen und Bürger rund 9,157 Milliarden EUR. Dem stehen Einsparungen über die Betriebszeit von 18 Jahren in Höhe von 11,014 Milliarden EUR gegenüber; - für die Wirtschaft rund 2,693 Milliarden EUR. Dem stehen Einsparungen über die Betriebszeit von 18 Jahren in Höhe von rund 8,268 Milliarden EUR gegenüber. Ab dem Jahr 2029 sinkt der jährliche Erfüllungsaufwand infolge einer zu erwartenden Kostenreduktion bei Wärmepumpen. Der jährliche Erfüllungsaufwand reduziert sich: - für die Verwaltung auf rund 344 Millionen EUR. Dem stehen Einsparungen von rund 945 Millionen EUR gegenüber; - für die Bürgerinnen und Bürger auf rund 5,039 Milliarden EUR. Dem stehen Einsparungen von rund 11,125 Milliarden EUR gegenüber; - für die Wirtschaft auf rund 2,534 Milliarden EUR. Dem stehen Einsparungen von rund 8,222 Milliarden EUR gegenüber. Daneben entsteht ein jährlicher Erfüllungsaufwand für die Vorgaben zur Erhöhung der Energieeffizienz im Gebäudeenergiebereich: - für die Verwaltung in Höhe von ca. 112 Millionen EUR. Summiert über die jeweilige Lebensdauer der betroffenen Anlagen (5-20 Jahre) stehen dem jeweils Einsparungen bei den Betriebskosten in Höhe von rund 158 Millionen EUR gegenüber. Zusätzlich entsteht ein einmaliger Erfüllungsaufwand von 1,243 Milliarden EUR. Dem stehen über die jeweilige Lebensdauer der betroffenen Anlagen (5-20 Jahre) insgesamt 3,586 Milliarden EUR an Einsparungen gegenüber. - für die Bürgerinnen und Bürgern insgesamt 50 Millionen

EUR. Summiert über die jeweilige Lebensdauer der betroffenen Anlagen (3-20 Jahre) stehen dem jeweils Einsparungen bei den Betriebskosten in Höhe von rund 252 Millionen EUR gegenüber. Zusätzlich entsteht ein einmaliger Erfüllungsaufwand von ca.182 Mio. EUR. Dem stehen über die jeweilige Lebensdauer der betroffenen Anlagen (5-20 Jahre) insgesamt 989 Millionen EUR an Einsparungen gegenüber

- für die Wirtschaft insgesamt 1,12 Milliarden EUR. Summiert über die jeweilige Lebensdauer der betroffenen Anlagen (3-20 Jahre) stehen dem jeweils Einsparungen bei den Betriebskosten in Höhe von rund 1,558 Milliarden EUR gegenüber. Zusätzlich entsteht der Wirtschaft ein einmaliger Erfüllungsaufwand von ca. 12,472 Milliarden EUR. Dem stehen über die jeweilige Lebensdauer der betroffenen Anlagen (3-20 Jahre) insgesamt rund 35,903 Milliarden EUR an Einsparungen gegenüber. Das Gesetz bedarf nicht der Zustimmung des Bundesrates. Vier Abdrucke dieses Schreibens mit Anlagen sind beigefügt.

◆ ◆ ◆

Die Kritische Seite Des Wirtschaftsministers: Habeck In Flensburg

Es war ein Auftritt, der von Anfang an unter keinem guten Stern stand. Der umstrittene Minister Robert Habeck besuchte am 29.04.2023 die Stadt Flensburg, um seine Parteikollegen bei den nächsten Kommunalwahlen zu unterstützen. Doch statt auf Begeisterung stieß er auf Ablehnung und Kritik.

Mit einer halben Stunde Verspätung traf der Minister in einer schwarzen Staatskarosse ein, begleitet von einem Empfang, der alles andere als herzlich war. „Hau ab“-Rufe, Trillerpfeifen und kritische Transparente empfingen Habeck vor der aufgebauten Bühne. Die Menge war überschaubar, aber die Stimmung äußerst gespannt.

Die Wahlversprechen der Grünen wurden zum Thema gemacht. Insbesondere das Versprechen, keine Waffen und Rüstungsgüter in Kriegsgebiete zu liefern, wurde thematisiert. Im Publikum hagelte es Fragen zur Vetternwirtschaft im Ministerium, zur Rolle Deutschlands in internationalen Konflikten und zu den explodierenden Kosten in der Politik. Auch die katastrophale Heizungspolitik wurde angeprangert. Interessanterweise waren auch ehemalige Grünen-Wähler unter den Kritikern.

Die Beliebtheitswerte von Habeck und seiner Parteikollegin, Außenministerin Annalena Baerbock, befinden sich im freien Fall. Eine schwierige Zeit für die grüne Chaoten Truppe.

Man könnte meinen, wenn man Habeck aus dem Spiel nehmen würde, wäre das Schlimmste vorbei. Aber das ist leider ein großer Irrtum, denn die Dummheit hat sich längst in der deutschen Regierung eingenistet. Es erinnert schnell an einen Science-Fiction-Film, in dem sich die grüne Politik wie ein Alien ausgebreitet hat.

VIZEPRÄSIDENTIN DES DEUTSCHEN BUNDESTAGES

Katrin Dagmar Göring-Eckardt, geboren als Eckardt am 3. Mai 1966 in Friedrichroda, DDR, ist eine herausragende deutsche Politikerin und Mitglied der Grünen Partei. Mit einer beeindruckenden politischen Karriere hat sie sich als eine der einflussreichsten Persönlichkeiten in der deutschen Politik etabliert.

Göring-Eckardt ist seit 2021 wieder Vizepräsidentin des Deutschen Bundestages, ein Amt, das sie bereits von 2005 bis 2013 erfolgreich innehatte. Darüber hinaus war sie von 2002 bis 2005 zusammen mit Krista Sager und von 2013 bis 2021 neben Anton Hofreiter, Vorsitzender der Bundestagsfraktion ihrer Partei.

Besonders bemerkenswert sind ihre Spitzenkandidaten bei den Bundestagswahlen. Sowohl 2013 an der Seite von Jürgen Trittin als auch 2017 mit Cem Özdemir als Partner war sie die Spitzenkandidatin ihrer Partei. Bei beiden Wahlen wurde sie durch ein urwahlverfahren ausgewählt, wobei sie 2017 als einzige weibliche Kandidatin bereits im Vorfeld gesetzt war.

Göring-Eckardt wird nicht nur innerhalb ihrer Partei hoch geschätzt, sondern auch für ihren wertkonservativen und realitätsnahen Ansatz bekannt. Ihre Visionen und politischen Entscheidungen haben einen enormen Einfluss auf die deutsche Politiklandschaft und tragen zu einer nachhaltigen Zukunft bei.

Mit ihrem Engagement und ihrer Leidenschaft für Umweltschutz, soziale Gerechtigkeit und dem Einsatz für eine offene und tolerante Gesellschaft hat Katrin Dagmar Göring-Eckardt einen bedeutenden Beitrag zur deutschen Politik geleistet. Sie ist eine herausragende Persönlichkeit, die es verdient, in den Mittelpunkt gerückt zu werden.

In der TV-Talkshow „Will" sorgte eine Aussage von Frau Göring-Eckardt für Aufsehen. Laut ihren Behauptungen verstopft Atomstrom die Stromleitung und ist somit verantwortlich für das Stillstehen der Windräder. Eine solche Behauptung wirkt nicht nur auf den ersten Blick amüsant und absurd, es stellt sich die Frage, wie jemand mit solchen Ansichten Vizepräsidentin des Bundestag werden kann.

Es ist bemerkenswert, dass in unserer heutigen Zeit politische Führungspersonen derartige Behauptungen aufstellen können. Diese Art von Aussagen zeigt möglicherweise ein gewisses Maß an Unwissenheit und mangelndem Verständnis für die Funktionsweise des Stromnetzes und der Energieerzeugung. Es ist unverkennbar, dass eine solche Sichtweise nicht den aktuellen wissenschaftlichen Erkenntnissen und Standards entspricht.

Als Leser könnte man sich fragen, wie es möglich ist, dass eine Person mit solch offensichtlich falschen Vorstellungen über grundlegende physikalische Zusammenhänge und technologische Entwicklungen in eine so wichtige politische Position kommen kann. Es ist von entscheidender Bedeutung, dass unsere politischen Vertreterinnen und Vertreter über fundiertes Fachwissen verfügen und sich auf wissenschaftliche Erkenntnisse stützen, um vernünftige Entscheidungen zu treffen und die Interessen der Bevölkerung zu vertreten.

Es ist wichtig anzumerken, dass politische Diskussionen oft von verschiedenen Ansichten und Meinungen geprägt sind. Dennoch sollte die Grundlage dieser Diskussionen auf soliden Fakten und wissenschaftlichen Erkenntnissen beruhen. Das Wichtigste ist, dass wir als Bürgerinnen und Bürger kritisch denken und unsere politischen Führer zur Rechenschaft ziehen, wenn sie offensichtlich falsche oder irreführende Aussagen machen.

OLAV SCHOLZ "DER BUNDESKANZLER."

Olaf Scholz (* 14. Juni 1958 in Osnabrück) ist ein deutscher Politiker Er ist seit dem 8. Dezember 2021 der neunte Bundeskanzler der Bundesrepublik Deutschland.

Zuvor war er von Mai bis Oktober 2001 Innensenator von Hamburg, von November 2007 bis Oktober 2009 Bundesminister für Arbeit und Soziales der Bundesrepublik Deutschland, von März 2011 bis März 2018 Erster Bürgermeister von Hamburg sowie im Anschluss bis zu seiner Wahl zum Bundeskanzler Bundesminister der Finanzen und Vizekanzler der Bundesrepublik Deutschland.

Von April 2000 bis Juni 2004 sowie von November 2009 bis März 2018 hatte er den Vorsitz der SPD Hamburg inne, von Oktober 2002 bis März 2004 war er Generalsekretär der SPD sowie von November 2009 bis Dezember 2019 einer ihrer stellvertretenden Bundesvorsitzenden. Nach dem Rücktritt von Martin Schulz führte er vom 13. Februar bis zum 22. April 2018 die Partei kommissarisch.

Scholz Der Menschenanalytiker Und Versteher?

Ja, ihr Lieben, da hat im August 2023 der deutsche Kanzler Olaf Scholz mal wieder eine echte Perle abgelassen. Er glaubt nämlich fest daran, dass Joe Biden eine zweite Amtszeit als US-Präsident einlegen wird. Da bleibt einem schnell der Mund offenstehen, aber haltet euch fest, es wird noch besser!

Scholz ist sich sicher, dass Biden das Richtige tut, um dem „Trumpismus" entgegenzuwirken. Er sieht keine Anzeichen dafür, dass Biden sein Amt in den kommenden Jahren nicht mehr ausüben könnte. Also, Leute, bereitet euch schon mal auf vier weitere Jahre Biden vor – laut Scholz wird das passieren.

Und wisst ihr, was das Beste daran ist? Scholz betont Bidens Alter nicht. Er sagt einfach: „Ich habe keine Anzeichen dafür, dass der Präsident das Amt nicht auch noch die nächsten Jahre weiter gut ausüben kann." Na, wenn das mal keine beruhigenden Worte sind! Die Ärzte des 80-jährigen Biden haben übrigens verkündet, dass er „fit für sein Alter" sei. Das ist ja eine Erleichterung!

Aber Scholz ist nicht nur von Bidens Amtsfähigkeit überzeugt, sondern lobt auch sein Streben nach dem sozialen Zusammenhalt in den USA. Das sei „das Richtige, was man gegen Trumpismus und ähnliche Bestrebungen" machen muss. Ganz schön diplomatisch, Herr Scholz.

Doch Moment mal, was ist mit den zahlreichen Pannen, die Biden in letzter Zeit passiert sind? Die haben doch sicherlich die Debatte über seine Amtsfähigkeit angeheizt, oder? Ach, da macht Scholz keine großen Worte drüber. Er bleibt gelassen und glaubt fest an eine glorreiche Wiederwahl Bidens.

Na dann, meine Damen und Herren, auf vier weitere Jahre Biden! Wenn Scholz Recht behält, haben wir ja noch einiges vor uns. Und wer weiß, vielleicht erleben wir dann noch mehr amüsante Aussagen und Entwicklungen in der Politik. Es bleibt lustig!

Auch Kanzler Scholz scheint in seiner eigenen Welt gefangen zu sein, denn wenn er nicht erkennt, dass Joe Biden möglicherweise nicht mehr amtsfähig ist, dann übersieht er vielleicht auch das Dilemma, in dem wir uns hier in Deutschland befinden. Es ist schnell so, als ob die politischen Brillen, die sie tragen, die Realität ein wenig verschwimmen lassen. Aber hey, in der Welt der Politik ist ja bekanntlich alles möglich, selbst wenn es manchmal schwer zu glauben ist.

KARL LAUTERBACH

Nun werfen wir einen Blick zum deutschen Gesundheitsminister „Lauterbach"

Karl Wilhelm Lauterbach (* 21. Februar 1963 in Birkesdorf, jetzt Düren) ist ein deutscher Gesundheitsökonom und Politiker (SPD). Der Mediziner ist seit Beginn der 16. Legislaturperiode im Jahr 2005 Mitglied des Deutschen Bundestages und seit dem 8. Dezember 2021 Bundesminister für Gesundheit im Kabinett Scholz.

◆ ◆ ◆

Covid-19-Pandemie

Nach Beginn der COVID-19-Pandemie trat Lauterbach oft als Experte vor allem in Talkshows und Fernsehinterviews auf. Im ersten Halbjahr 2020 war er in den Talkshows von ARD und ZDF der mit großem Abstand häufigste Gast, ebenfalls in den Nachrichtensendern Welt oder n-tv wie auch in hart, aber fair oder bei Markus Lanz. Auch im Jahr 2021 war er der am häufigsten eingeladene Gast in deutschen Talkshows. Er äußerte dort seine Ansichten zur Pandemie und zu den getroffenen Maßnahmen und warnte früh vor einer zweiten Welle. Er sprach sich für strenge Kontaktbeschränkungen aus und gehörte zu den scharfen Kritikern schneller Lockerungen Lauterbach veröffentlichte auch Twitter-Nachrichten zur Pandemie, oft mehrmals täglich. Andrej Reisin vom NDR bewertete im September 2020 für die Rubrik „Faktenfinder" der Tagesschau, dass zwar die meisten Tweets „fundiert und nicht zu beanstanden" seien, warf ihm aber vor, dass er in einigen Tweets Aussagen falsch zuordne, Ergebnisse ungenau wiedergebe, durch selektives Zitieren von Studien deren Aussage verändere und sich selten korrigiere. Insgesamt tendiere Lauterbach dazu, „die Gefahren von Covid-19 [als] äußerst schwer einzuschätzen. Und manchmal schossen seine Interpretationen dabei über wissenschaftlich belastbare Aussagen hinaus."

Am 4. Januar 2021 forderte Lauterbach einen unbefristeten Lockdown aufgrund der COVID-19-Pandemie und der von ihm befürchteten Auswirkungen einer sich schneller verbreitenden Mutation des Virus. Der Inzidenzwert pro 100.000 Einwohnern in sieben Tagen müsse auf unter 25 gesenkt werden, damals halb so viel, wie von den Regierungen in Bund und Ländern angestrebt.

Als zum Ende der Sommerferien 2021 eine stärkere Ausbreitung der Infektionen über die wieder geöffneten Schulen befürchtet wurde, die Ständige Impfkommission aber auf Grundlage der Studien noch keine Empfehlung zur Gabe von SARS-CoV-2-Impfstoffen auch an Kinder und Jugendliche geben konnte, gehörte Lauterbach zu jenen Politikern, die deswegen öffentlichen Druck auf die eigentlich unabhängige Expertengruppe ausübten. Lauterbach behauptete in diesem Zusammenhang, „Studien zufolge gebe es keine Nebenwirkungen durch die Impfung für Kinder". Vom Wissenschaftsjournalisten Werner Bartens wurde dieses Vorgehen als wissenschaftsfeindlich kritisiert.

Am 18. Oktober 2021 geriet Lauterbach in die Kritik, da er auf Twitter behauptete, dass viele COVID-19-Genesene beschleunigt, altern würden. Unter anderem der Virologe Jonas Schmidt-Chanasit warf ihm daraufhin schlechte Wissenschaftskommunikation vor. Lauterbach erwiderte, dass man nicht fünf Jahre warten müsse, bis die Frage geklärt sei, und verlinkte, mit der Behauptung, es gebe „viele“ Studien, noch einmal dieselbe Studie.

Karl Lauterbachs Aussagen gerieten in die Kritik, weil ihn medizinische Statistiker kritisierten. Seit Beginn der Pandemie teilt Karl Lauterbach eine Studie nach der anderen auf Twitter. Oft werden seine Interpretationen zitiert und als Fakten behandelt. Allerdings stößt dieser Ansatz inzwischen auf internationale Expertenkritik.

In seinem Twitter-Profil bezeichnet sich Lauterbach als „SPD-Vertreter, Bundesgesundheitsminister“, der „persönlich und privat“ twittert. Allerdings sind seine Tweets alles andere als privat, da er als Gesundheitsminister eine verantwortungsvolle Position innehat. Viele Menschen in Deutschland verlassen sich auf seine Meinungen und Einschätzungen.

Wenn Lauterbach als „Abgeordneter und Bundesgesundheitsminister“ neue Studien auf seinem Profil veröffentlicht, sollten diese fundiert sein. Das bedeutet auch, dass er sie gar nicht erst posten sollte, wenn er sie nicht richtig gelesen hat. Darüber hinaus sollte er daraus keine bundesweiten Maßnahmen ableiten, wenn die Studie weder fundiert noch vollständig verstanden ist. Genau dafür kritisieren internationale Experten Lauterbach.

Ein Beispiel für Kritik ist Lauterbachs Behauptung, eine neue amerikanische „megastudie“, die über 1.700 Studien ausgewertet habe, unterstütze seine Aussagen. Tatsächlich wurden nur 13 Studien in die Analyse einbezogen. Der Medizinstatistiker Gerd Antes weist auf diese Diskrepanz hin und bezeichnet die Studie als „von unterirdischer Qualität“ und Lauterbachs öffentliche Äußerungen als „in mehrfacher Hinsicht inakzeptabel“. Es wird vermutet, dass Lauterbach die Studie nicht einmal ordnungsgemäß geprüft hat.

Selbst die Behauptung, Lauterbach wolle diejenigen, die sich noch unsicher sind, ob Masken vor COVID schützen, anhand einer so kleinen Studie überzeugen, schien fraglich. Im schlimmsten Fall könnte dieser Ansatz den gegenteiligen Effekt haben.

Auch internationalen Experten fiel Lauterbachs Tendenz auf, sich auf Studien zu verlassen, ohne diese gründlich zu studieren. Der irische Epidemiologe Darren Dahly, leitender Statistiker an einer klinischen Forschungseinrichtung an der Universität Cork, twitterte, es sei erstaunlich, dass der deutsche Bundesgesundheitsminister nicht erkennen könne, dass diese Preprint-Studie „offensichtlicher Unsinn" sei. Alasdair Munro, Forscher für pädiatrische Infektionskrankheiten am Universitätskrankenhaus Southampton im Vereinigten Königreich, vermutete, dass Lauterbach sich einfach nicht die Mühe machte, die Studie zu lesen, bevor er sie befürwortete.

Zur Klarstellung: Diese Experten stellten die Wirksamkeit von Masken oder anderen COVID-Maßnahmen nicht in Frage. Stattdessen betonten sie, dass Lauterbach in seiner Funktion als Bundesgesundheitsminister vor solchen Aussagen gründlicher recherchieren und sich für konkrete Maßnahmen und Regelungen einsetzen sollte.

Auch Statistiker Gerd Antes kritisierte Lauterbach dafür, dass er die Grenzen zwischen seiner Rolle als Wissenschaftler, als Gesundheitsminister und seinen Auftritten in Talkshows verwischte. Antes erklärte, wer die Menge und Komplexität der Studien verstehen, wisse schon früh, dass Lauterbachs Aussagen nicht wahr sein könnten. Er betonte, dass jeden Monat zahlreiche Studien veröffentlicht würden, weltweit rund 1.500 pro Woche. Um eine Studie dieser Größenordnung zu verstehen und richtig zu interpretieren, sind drei bis vier Stunden erforderlich. Bei entscheidenden Themen wie Masken müssen hohe Standards für die Studienqualität eingehalten werden, die Lauterbach offenbar außer Acht gelassen hat.

Forschungsinstitute arbeiten gerade wegen des Arbeitsaufwands, der mit dem Lesen und Analysieren von

Studien verbunden ist, in Teams. So ließ sich die Ständige Impfkommission (Stiko) Zeit für neue Entscheidungen, weil verschiedene Faktoren sorgfältig abgewogen werden mussten. Antes machte Lauterbach keinen Vorwurf, dass er nicht alle diese Studien alleine lesen und analysieren konnte. Vielmehr warf er dem Minister vor, aufgrund unvollständiger Informationen zu unkritisch zu sprechen.

Für Lauterbach als Persönlichkeit des öffentlichen Lebens und Bundesgesundheitsminister ist es wichtig, seine Aussagen mit größerer Vorsicht zu betrachten und sicherzustellen, dass sie durch fundierte wissenschaftliche Erkenntnisse untermauert werden. Die Verantwortung, die Öffentlichkeit mit korrekten Informationen zu versorgen, wäre während einer Pandemie besonders wichtig

◆ ◆ ◆

Die Klima Propaganda

Lauterbach Am 10. August 2023

Jetzt geht's richtig heiß her! Stellen Sie sich vor, der deutsche Gesundheitsminister Karl Lauterbach (SPD) hat tatsächlich Nägel mit Köpfen gemacht: Ein Hitzetote-Dashboard, ähnlich dem guten alten Corona-Info-Dashboard, ist nun sein neuester Coup. Trotzdem könnten sie genauso gut versuchen, einen Yeti in einem Bikini zu sichten - denn bislang sind die erfassten Hitzetote so selten wie Einhörner im Stadtpark.

In den trüben Weiten der Gerüchteküche wird gemunkelt, dass in Deutschland von Mitte April bis Mitte Juli unglaubliche 1500 Menschen einem grausamen Hitzetod erlegen sein sollen. Klingt dramatisch, oder? Das behauptet zumindest der besagte Gesundheitsminister Lauterbach, der nach den turbulenten

Corona-Maßnahmen und der vermeintlichen Pandemie-Ebene ein neues Hobby gefunden hat: Hitze bekämpfen! Natürlich, die Zahl der Hitzetoten ist durch den Klimawandel explodiert, sagen sie. Letztes Jahr sollen es sogar 8000 gewesen sein. Aber, wie gesagt, niemand hat so richtig den Durchblick.

Lauterbachs Mission: Er will die Zahl der Hitzetoten in diesem Jahr halbieren. Seine revolutionären Tipps, die er über die Tagesschau in die Welt posaunt: Bloß nicht in der Hitze arbeiten, Schatten suchen und sich nicht wie ein Kaktus verhalten, sondern viel trinken. Diese sechs heißbegehrten Verhaltenstipps werden schon bald in Pflege- und Gesundheitseinrichtungen aushängen. Es ist fast so, als hätten wir auf diese Offenbarung gewartet, nicht wahr?

Die Crème de la Crème von Lauterbachs Waffen im Krieg gegen die tödliche Hitzewelle ist aber dieses Dashboard, das dem von ihm kontrollierten Robert-Koch-Institut unterstellt ist. Genau wie früher bei den Corona-Fällen, soll nun jeder Hitzetod erfasst und veröffentlicht werden. Ob das Ministerium künftig alle Hitzestatistiken wie in einer Spielshow durch die abendlichen Hauptnachrichten peitscht, bleibt abzuwarten.

Bislang wirkt das Dashboard "Hitze und Übersterblichkeit" noch wie ein unberührtes Blatt Papier, das die Katze sich als Kratzbrett vorstellt. Die Highlights: Pro 100.000 Einwohner gab es sagenhafte 32 bis 34 Hitzetote, in den altersweisen Kategorien 85+ bei Frauen und Männern. Das Dashboard wird auf Twitter geradezu liebevoll kommentiert: "Gut, dass man jetzt auch die Übersterblichkeit in die Schuhe der Hitze schieben kann..." Oh Karl, du bist uns schon ein Spaßvogel!

◆ ◆ ◆

Karl Lauterbach - Der Schwächste Ampel-Minister?

Die Reformpläne von Bundesgesundheitsminister Karl Lauterbach stoßen nicht nur bei der Opposition auf Kritik, sondern auch innerhalb der Ampel-Koalition. Seine abgespeckte Pflegereform und seine Krankenhauspläne drohten zu scheitern, während andere Vorhaben nur schleppend vorankamen. Die Eignung des Ministers wird zunehmend.

Lauterbach, der eigentlich über eine hohe Fachkompetenz verfügt,sieht sich derzeit mit viel Kritik konfrontiert. Insbesondere seine Reformvorschläge im Bereich der Pflegeversicherung enttäuschen. Trotz einer chronischen Unterfinanzierung und steigender Kosten gelingt es ihm nicht, wirkliche Lösungen zu präsentieren. Statt einer umfassenden Reform gibt es lediglich kleine Verbesserungen wie etwas mehr Pflegegeld und höhere Zuschläge in der vollstationären Pflege.

Diese Maßnahmen belasten vor allem die Beitragszahler. Ab Juli sollen Kinderlose zusätzlich zur Pflegeversicherung beitragen und auch die Arbeitgeber müssen mehr leisten. Dies führt zu höheren Kosten für die Arbeitnehmer und weniger Geld in den Geldbeuteln vieler Menschen, insbesondere im Osten Deutschlands. In Zeiten wirtschaftlicher Schwäche und hoher Inflation sind dies die falschen Signale.

Obwohl im Koalitionsvertrag festgelegt wurde, dass bestimmte Kosten künftig über Steuern statt über Beiträge finanziert werden sollen, kann sich Lauterbach nicht gegen den Finanzminister durchsetzen. Weder der Kanzler noch das Parlament scheint ihm wirklich Gehör zu schenken, und er wirkt zuweilen isoliert.

Das geplante Pflegeentlastungsgesetz wird spöttisch als Pflegebelastungsgesetz bezeichnet und selbst viele Abgeordnete aus den Reihen der Ampel-Koalition winkten entnervt ab. Die Liberalen zweifeln sogar daran, ob Lauterbach jemals das Format für das Ministeramt besessen hat. In seiner eigenen SPD-Fraktion wird bereits über seine mögliche Abberufung spekuliert. Bei den Grünen ist sogar der Satz „Alle hassen Lauterbach" zu hören.

NANCY FAESER

Nancy Faeser (* 13. Juli 1970 in Bad Soden) ist eine deutsche Politikerin (SPD). Sie ist seit dem 2. November 2019 Vorsitzende der SPD Hessen und seit dem 8. Dezember 2021 als erste Frau in diesem Amt Bundesministerin des Innern und für Heimat der Bundesrepublik Deutschland. Sie ist zudem Spitzenkandidatin der SPD bei der Landtagswahl in Hessen 2023.

Von 2003 bis zu ihrer Ernennung als Bundesministerin war sie Abgeordnete des Hessischen Landtags und ab 2019 Vorsitzende der hessischen SPD-Fraktion und somit auch Oppositionsführerin.

Nancy Faeser wuchs als Tochter des Kommunalbeamten und Bürgermeisters Horst Faeser (1942–2003) in Schwalbach am Taunus auf, wo sie heute noch lebt. Die Familie Faeser stammt ursprünglich aus Niederschlesien und war nach dem Zweiten Weltkrieg als Heimatvertriebene nach Duisburg gekommen. Hors t Faeser war von 1989 bis 2002 Bürgermeister von Schwalbach am Taunus, danach Direktor im Planungsverband Rhein-Main. Die Familie Faesers ist sozialdemokratisch geprägt. Nach dem Abitur 1990 an der Albert-Einstein-Schule in Schwalbach am Taunus studierte Nancy Faeser Rechtswissenschaft an der Johann Wolfgang Goethe-Universität Frankfurt am Main. Sie absolvierte außerdem ein Auslandssemester am inzwischen geschlossenen New College of California in San Francisco. 1996 schloss sie das Studium mit dem Ersten Staatsexamen ab. Von 1996 bis 1998 war sie Mitarbeiterin am Lehrstuhl für Öffentliches Recht, Rechtsphilosophie und Rechtsvergleichung von Günter Frankenberg in Frankfurt. Nach ihrer referenzarbeit im Bezirk des Oberlandesgerichts Frankfurt am Main legte Faeser 2000 ihr Zweites Staatsexamen ab. Parallel dazu arbeitete sie als wissenschaftliche Mitarbeiterin bei Clifford Chance in Frankfurt am Main. Nach ihrem Examen war Faeser dort von 2000 bis 2007 als Rechtsanwältin tätig. Anschließend war sie bis zu ihrer Ernennung als Bundesministerin bei der Wirtschaftskanzlei Görg in Frankfurt am Main als Rechtsanwältin tätig. Sie ist Mitglied des Kuratoriums der Stiftung Denkmal für die ermordeten Juden Europas.

Nancy Faeser ist mit dem Rechtsanwalt und SPD-Kommunalpolitiker Eyke Grüning verheiratet und hat einen im Jahr 2015 geborenen Sohn.

◆ ◆ ◆

Die Innenministerin Zerstört „ Vermutlich“ Aus Niedrigen Beweggründen Existenzen.

Arne Schönbohm, geboren 1969 in Hamburg, war bis vor Kurzem Präsident des Bundesamtes für Sicherheit in der Informationstechnik (BSI). Er übernahm diese Position im Februar 2016 und spielte eine entscheidende Rolle in der Cybersicherheitsszene des Landes. Er studierte internationale Betriebswirtschaftslehre an der International School of Management in Dortmund und London.

Die Situation änderte sich jedoch dramatisch, als Schönbohm im Oktober 2022 entlassen wurde. Grund für seine Entlassung waren Vorwürfe, er habe Kontakte zu einem von einem ehemaligen russischen Geheimdienstoffizier gegründeten Geheimdienst. Diese Vorwürfe erregten große Aufmerksamkeit und führten schließlich zu seiner Entlassung durch das Innenministerium.

Die Entscheidung, Schönbohm zu entlassen, stieß vor allem bei der Opposition auf heftige Kritik. Insbesondere Innenministerin Nancy Faeser geriet auf den Prüfstand. Sie verteidigte jedoch ihre Entscheidung und wies die Kritik zurück.

Trotz seiner Entlassung blieb Schönbohm nicht untätig. Im September 2023 verklagte er das ZDF wegen einer Sendung, in der er auftrat. Er verlangt vom Sender eine Entschädigung.

Nancy Faeser, die Bundesinnenministerin Deutschlands, steht aufgrund der Entlassung von Arne Schönbohm, dem ehemaligen

Chef des Bundesamtes für Sicherheit in der Informationstechnik (BSI), unter Druck. Es besteht der Verdacht, dass Faeser und ihre Mitarbeiter die Entlassung Schönbohms im Voraus geplant hatten. Von FOCUS online eingeholte E-Mails sollen Hinweise darauf liefern, dass bereits im Juni 2022 belastendes Material gegen Schönbohm gesammelt wurde.

Diese Vorwürfe tauchten später in einem Bescheid auf, der Schönbohm die Ausübung seiner Amtspflichten untersagte. Das Innenministerium bestreitet jedoch die Existenz einer solchen Liste.

Darüber hinaus wird Faeser vorgeworfen, das Bundesamt für Verfassungsschutz (BfV) möglicherweise dazu zu instrumentalisieren, belastendes Material gegen Schönbohm zu sammeln. Aus einem Memorandum vom 2. März 2023 geht hervor, dass die Ministerin ihre Mitarbeiter angewiesen hat, den Geheimdienst in die Beschaffung „geheimer Dokumente" gegen Schönbohm einzubeziehen. Faeser hat diese Vorwürfe zurückgewiesen.

Am 28. April 2023 räumte das Ministerium ein, dass die Vorwürfe gegen Schönbohm unbegründet seien. Er musste seine Position als Leiter des BSI aufgeben und wurde auf die weniger bedeutsame Position des Leiters der Bundesakademie für öffentliche Verwaltung versetzt.

Diese Situation wird von verschiedenen Medien und politischen Parteien in Deutschland weiterhin aufmerksam beobachtet und diskutiert. Aus den E-Mails geht hervor, dass das Innenministerium vor seiner Entlassung belastendes Material gegen Schönbohm gesammelt hatte. Die Entscheidung, ihn zu entlassen, wurde später mit allgemeinen Zweifeln an seiner Führung begründet. Allerdings lassen sich aus den vorliegenden Unterlagen keine Hinweise auf ein Fehlverhalten Schönbohms ableiten.

◆ ◆ ◆

Fälschung Von Statistiken.

Ein Skandal von monumentalen Ausmaßen bricht über das Bundesinnenministerium unter der Führung von Nancy Faeser. Es geht um eine Statistik, die behauptet, dass es im ersten Halbjahr 2023 zu nicht weniger als 80 Angriffen auf Asylunterkünfte gekommen ist. Eine exklusive Untersuchung des Magazins NIUS enthüllte jedoch eine schockierende Wahrheit - die meisten dieser angeblichen Übergriffe hatten gar nichts mit Flüchtlingsheimen zu tun. Die tatsächliche Zahl der Angriffe ist erstaunlich niedrig, und in nur einem einzigen Fall konnte ein rechtsgerichteter Täter endgültig nachgewiesen werden.

Die Nachricht hatte im August wie ein Blitz eingeschlagen, und Medien landesweit berichteten über die beunruhigenden Zahlen. Sie schienen eine klare Botschaft zu senden: Die Angriffe auf Asylheime nehmen zu, und die überwiegende Mehrheit dieser Verbrechen wird von rechtsextremen Tätern begonnen.

Die Statistik machte schnell die Runde, und bald war sie in allen großen Nachrichtenkanälen zu finden. Die Schlagzeilen waren alarmierend: „Rassismus: Mehr politisch motivierte Übergriffe auf Flüchtlingsunterkünfte" (Zeit Online), „Rechte Anschläge: Mehr Angriffe auf Flüchtlingsheime" (taz). Die Bilder illustrierten die Berichte mit erschreckenden Bildern von Neonazis. Clara Bünger, die Flüchtling - Sprecherin der Linken, beschuldigte die AfD, CDU und CSU, mit ihren verbalen Angriffen auf das Asylrecht den Boden für „rassistische Mobilisierungen" gegen Geflüchtete zu bereiten.

Jetzt zeigt sich jedoch: Die vom Bundesinnenministerium verbreiteten Zahlen sind massiv manipuliert. Die Untersuchung von NIUS hat gezeigt, dass nur ein kleiner Teil der angeblichen Übergriffe tatsächlich auf Asylunterkünfte abzielte.

Die Untersuchung brachte zahlreiche Ungereimtheiten ans Licht. In fast der Hälfte der Fälle spielte ein Flüchtlingsheim überhaupt keine Rolle. Gelegentlich landeten sogar Streitigkeiten aus einer Kneipe in der Statistik. In anderen Fällen wurden Straftaten aufgeführt, die in Wirklichkeit nie stattgefunden haben.

Die Untersuchung ergab auch, dass es im ersten Halbjahr kaum tatsächliche Angriffe auf Asylunterkünfte gab. Nur acht der 80 Fälle waren direkte Angriffe auf bewohnte Flüchtlingsheime, bei denen Menschen oder Eigentum Schaden erlitten. In vier Fällen kam es zu Brandstiftungen, aber in drei dieser Fälle waren die Unterkünfte entweder unbewohnt oder gerade erst in der Planung.

Insgesamt konnte nur in 17 der 80 Fälle definitiv von einem Angriff auf eine Flüchtlingsunterkunft gesprochen werden. In neun dieser Fälle war die betroffene Unterkunft jedoch noch nicht bewohnt, da sie sich noch in Planung befand.

Es ist ein Skandal von atemberaubendem Ausmaß. Die Zahlen, die das Bundesinnenministerium verbreitet hat, sind nicht nur falsch – sie sind auch irreführend und möglicherweise manipuliert. Es ist ein schwerer Schlag für die Glaubwürdigkeit des Ministeriums und seiner Ministerin, Nancy Faeser.

DER NEBEL DES SCHRECKENS

In den Straßen und Gassen Deutschlands scheint der Nebel des Schreckens zurückzukehren. Eine unheilvolle Aura liegt über dem Land, während die Ausgrenzung einer demokratisch legitimen Partei wie der AfD und die Beschränkung ihrer Rechte immer deutlicher werden. Dieses Kapitel soll einen Einblick geben, wie sehr sich eine Gesellschaft verändert, wenn die Regierungsdummheit ausstrahlt und die Prinzipien der Demokratie mit Füßen tritt.

Der eigenartige Gestank von Korruption und Selbstgerechtigkeit durchdringt unsere Nasen und kündigt eine bedrohliche Entwicklung an. Das Rechtssystem, das einst auf der Gerechtigkeit und dem Schutz der Grundrechte basiert, wird nun auf den Kopf gestellt, und viele folgen diesem gefährlichen Trend. Eine beunruhigende Jagd auf Andersdenkende beginnt, bei der diejenigen, die nicht in die vorherrschende Meinungsmatrix passen, verfolgt werden.

Es ist ein bedauernswerter Zustand, wenn Regierungen, die sich selbst als Hüter der Demokratie bezeichnen, dazu übergehen, demokratisch gewählte Vertreterinnen und Vertreter auszugrenzen und ihnen ihre Rechte zu nehmen. Die AfD, als eine der größten Oppositionsparteien, wird systematisch zum Schweigen gebracht, ihre Stimme unterdrückt und ihre politische Präsenz negiert.

Doch wenn eine Regierung versucht, unliebsame politische Akteure zu ignorieren oder gar zu bekämpfen, wird die gesamte Gesellschaft in Mitleidenschaft gezogen. Die Vielfalt der Meinungen, die einst das Fundament einer lebendigen Demokratie war, wird erstickt. Statt eines offenen Dialogs und einer konstruktiven Debatte herrscht nun eine bedrückende Einheitlichkeit, in der nur noch bestimmte Ansichten geduldet werden.

Die Konsequenzen dieser Entwicklung sind gravierend. Eine Gesellschaft, die Andersdenkende verfolgt und ihre Rechte einschränkt, verliert nicht nur ihre moralische Integrität, sondern auch die Möglichkeit zu lernen und zu wachsen. Der Austausch von Ideen und die kritische Auseinandersetzung mit unterschiedlichen Standpunkten sind wesentlich für die Entwicklung einer Gesellschaft. Wenn diese Grundprinzipien der Demokratie unterdrückt werden, können wir uns nur noch in einem trüben Nebel des Schreckens bewegen.

Dieses Kapitel wird sich weiterhin mit konkreten Beispielen auseinandersetzen und aufzeigen, wie die Ausgrenzung und Verfolgung von politischen Gegnern die demokratischen

Grundfesten erschüttert. Es ist an der Zeit, diesem gefährlichen Trend entgegenzutreten und für die Werte der Demokratie einzustehen, bevor der Nebel des Schreckens unsere Gesellschaft vollständig verschlingt.

DER FALL CHRUPALLA EIN „SITTENBILD“

Tino Chrupalla (* 14. April 1975 in Weißwasser) ist ein rechtspopulistischer deutscher Politiker (AfD). Er wurde 2017 als Direktkandidat des Wahlkreises Görlitz in den Deutschen Bundestag und am 30. November 2019 neben Jörg Meuthen zu einem der beiden AfD-Bundessprecher (Parteivorsitzenden) gewählt. Gemeinsam mit Alice Weidel ist Chrupalla seit September 2021 Vorsitzender der AfD-Bundestagsfraktion und seit Juni 2022 Bundessprecher.

Abschlusswahlveranstaltung der AFD in Ingolstadt

Tino Chrupalla, der AfD-Vorsitzende, hatte im Veranstaltungszelt einen Fototermin mit Fans. Anschließend betrat er die Bühne, da er als Hauptredner vorgesehen war. Während seiner Rede brach er plötzlich zusammen und musste von anderen Personen gestützt werden. Aufgrund von Beschwerden über eine Lähmung im rechten Arm und starke Kopfschmerzen wurde ein Notfallteam alarmiert, und die Polizei sicherte den vermeintlichen Tatort. Um Beweismittel zu sichern, wurde Chrupalla sein Hemd abgenommen. Er wurde daraufhin ins Krankenhaus und auf die Intensivstation gebracht.

Nachdem Tino Chrupalla mit dem Notarztwagen ins nahegelegene Krankenhaus gebracht wurde, wurde er auf die Intensivstation gelegt und überwacht. Aufgrund der Vermutung eines Giftanschlags wurden umfangreiche Untersuchungen durchgeführt.

Am folgenden Tag, als sich der Patient bereits besser fühlte, wurden Routineuntersuchungen durchgeführt.

Währenddessen informierte die Staatsanwaltschaft die Presse über den Vorfall, bei dem es keine Indizien gibt, die auf Fremdverschulden hindeuten. Gleichzeitig hielt Söder, der bayerische Spitzenkandidat der CDU, eine Pressekonferenz, in der er die AfD als niederträchtig beschimpfte und behauptete, dass der Vorfall inszeniert sei. Diese Äußerungen führten dazu, dass die Presse das Gerücht verbreitete, dass es sich mit hoher Wahrscheinlichkeit um eine Inszenierung handelte.

Zwischenzeitlich wurde Chrupalla vom Klinikum entlassen, und es konnten keine Giftspuren nachgewiesen werden. Es ist jedoch nicht verwunderlich, dass dies schwierig zu analysieren ist, da eine genaue Kenntnis über das gesuchte Gift erforderlich ist. Während die Staatsanwaltschaft behauptete, dass es keine Indizien für Fremdeinwirkungen gebe und Chrupalla keine

Verletzungen gehabt habe, veröffentlichte die AfD einen Arztbrief, der ihre Version der Ereignisse unterstützte.

Nachdem ein neues Gutachten nahelegte, dass es einen Einstich am Arm des AfD-Chefs Chrupalla gab, entstand in der Presse die Vermutung, dass es sich bei dem Gutachten um ein Gefälligkeitsgutachten handeln könnte. Die Staatsanwaltschaft führte dann eine Befragung des Arztes durch, der den Arztbrief verfasst hatte. Später teilte die Staatsanwaltschaft mit, dass der Arztbrief auf der Aussage von Chrupalla beruhte, in der er dem zuständigen Arzt von dem Vorfall erzählte.

Die Medien greifen diese Berichte auf und es wurde in den Medien und im Fernsehen ausführlich über die angebliche Inszenierung berichtet. Es wurden Fragen laut, wie weit die rechtsextreme Partei AfD gehen würde, um Wahlstimmen zu gewinnen.

Ein paar Tage vergingen, bis sich Chrupalla von dem Anschlag erholte und keine Giftspuren im Blut nachgewiesen wurden. Zusätzlich zu den Untersuchungen im Krankenhaus ließ er auch ein privates Labor beauftragen. Er hielt eine Pressekonferenz ab, bei der er über eine Videoleinwand den Arztbrief und den pathologischen Befund präsentierte. Dabei zeigte sich eine Einstichstelle, die durch eine 4 mm tiefe Nadel verursacht wurde. Er empörte sich über die Presse, die versuchte, ihn sowohl als Opfer als auch als Täter darzustellen. Anschließend stellten viele Journalisten Fragen, wobei einige hartnäckig an ihrer Theorie der Inszenierung festhielten. Es wurde zum Beispiel gefragt, ob der pathologische Bericht auf Chrupallas Aussage basiere. Seine Antwort lautete: „Natürlich nicht, es ist das Ergebnis der Untersuchung der Pathologen." Es wurde auch gefragt, was er vor seinem Zusammenbruch auf der Bühne gegessen habe, möglicherweise einen verdorbenen Fisch oder ein Ei. Seine Antwort darauf war, dass er einen Apfel gegessen habe, usw. Die Pressekonferenz wurde vom Sender Phoenix übertragen und kann in voller Länge auf YouTube angesehen werden.

Erschütternd war die Analyse des Phönix TV Senders, die

unmittelbar nach der Pressekonferenz folgte. Dabei wurden zunächst unbestrittene Fakten ignoriert und die Fragen der Presseleute und die Antworten von Chrupalla teilweise als irreführend und unwahr dargestellt. Es wurde behauptet, dass der pathologische Bericht so kurz präsentiert wurde, dass man seinen Wahrheitsgehalt nicht recherchieren konnte. Außerdem wurde behauptet, dass es sich bei der Einstichwunde, wenn überhaupt, um einen Insektenstich gehandelt haben könnte, da Chrupalla angab, den Stich nicht bemerkt zu haben. Es wurde auch erwähnt, dass sein Hemd von der Polizei auf Spuren untersucht wurde und angeblich keine Spuren von der Staatsanwaltschaft gefunden wurden. Diese Behauptung wurde als falsche Information seitens der Staatsanwaltschaft dargestellt und es wurde als Frechheit angesehen, dass Chrupalla dies angezeigt habe.

Am Tag nach der Pressekonferenz folgte eine weitere Stellungnahme der Staatsanwaltschaft, in der die ärztlichen Befunde bestätigt wurden, die Chrupalla präsentiert hatte. Es wurde auch angegeben, dass bei der kriminaltechnischen Untersuchung Blutflecken vorhanden waren, die von der Einstichstelle stammen könnten. Es handelte sich um Blut von Chrupalla. Die Veröffentlichung dieser Informationen wurde zurückgehalten, um den Opferschutz zu gewährleisten. Nach dieser Klarstellung durch die Oberstaatsanwaltschaft Bayern verschwanden plötzlich alle Presseartikel und es gab keine weiteren Richtigstellungen oder TV-Sendungen, die sich mit diesem Vorfall oder Attentat befassten. Die Erklärung der Oberstaatsanwaltschaft wurde nur in ein paar Zeitungen im kleingedruckten erwähnt.

Chrupalla scheint sich offensichtlich wieder sehr gut zu fühlen. Wie viele AFD-Politiker haben er Personenschutz von der Fraktion bereitgestellt, da tätliche Angriffe, das Beschmieren ihrer Häuser und das Abfackeln ihrer Autos leider zum Alltag in Deutschland geworden sind. Es ist bedauerlich, dass die Polizei diese Taten oft nicht aufklären kann und dass die Medien diese Vorfälle oft verharmlosen. Seit es die Ampelregierung gibt, sind aus Einzelfällen bedauerlicherweise alltägliche Geschichten geworden. Es ist nicht verwunderlich, dass Menschen bewusst aufgehetzt werden und die Täter davonkommen, da die Ermittlungen in diesem Zusammenhang oft ins Leere laufe.

Am 20.12.2023 kam dann die Nachricht von der Staatsanwaltschaft.

"der Fall Chrupalla wurde von der Staatsanwaltschaft eingestellt:

"Keine konkreten Hinweise
auf Übergriff", erklärte die Oberstaatsanwältin"

Die Erkenntnisse der Rechtsmediziner, die faserartige Partikel im Stichkanal identifizierten, deuten zwar auf eine Fremdeinwirkung hin, die eher einer Pinnadel als einer Injektionsnadel entspricht. Jedoch gibt es keine Anzeichen dafür, dass Gift injiziert wurde. Selbst Chrupallas Beschwerden bieten keinen Anhaltspunkt für eine mögliche Vergiftung.

Es ist schwer zu sagen, wie es Ihnen dabei geht, aber in mir ruft diese Situation Erinnerungen an die Dokumentation des Dritten Reiches hervor. Die Erinnerung daran, wie Menschen, die den Idealen der politischen Macht nicht entsprachen, vom Rechtssystem ausgeschlossen wurden und die Justiz zur Marionette der Politik wurde.

ANSCHLAGSPLÄNE AUF FAMILIE WEIDEL

Alice Elisabeth Weidel (* 6. Februar 1979 in Gütersloh) ist eine deutsche Politikerin (AfD). Bei der Bundestagswahl 2017 bildete sie mit Alexander Gauland das Spitzenkandidaten-Duo. Bei der Bundestagswahl 2021 kandidierte sie in gleicher Funktion gemeinsam mit Tino Chrupalla für die rechtspopulistische und rechtsextreme AfD.

Weidel war zunächst ab September 2017 gemeinsam mit

Gauland und ab September 2021 gemeinsam mit Chrupalla Co-Vorsitzende der AfD-Bundestagsfraktion. Seit Juni 2022 ist sie zudem zusammen mit Chrupalla Bundessprecherin ihrer Partei. Darüber hinaus war sie von Februar 2020 bis Juli 2022 Landessprecherin der AfD Baden-Württemberg.

Weidel lebt nach eigenen Angaben in Überlingen am Bodensee (Baden-Württemberg). Gemäß Schweizer Behörden war sie ab 2017 im 160 km entfernten schweizerischen Biel gemeldet, wo sie auch Steuern zahlte. Weidel die lesbisch ist und es ablehnt, als queer bezeichnet zu werden, lebte in Biel mit Sarah Bossard, einer aus Sri Lanka stammenden Schweizer Film- und Fernsehproduktionsleiterin, in einer eingetragenen Partnerschaft und verkehrte in einem linksalternativen Milieu. Das Paar zieht gemeinsam zwei Söhne groß. Im November 2018 gab Weidel ihren Wohnsitz in Biel auf. Im August 2019 wurde bekannt, dass sie mit ihrer Familie in Einsiedeln im Kanton Schwyz in der Zentralschweiz wohnt. Ihr Hauptwohnsitz und Steuersitz sei jedoch in Deutschland.

Weidel war bis Januar 2021 Mitglied der Friedrich A. von Hayek-Gesellschaft.

Ein düsterer Schatten legte sich über Dr. Alice Weidel und ihre Familie. Es war der Samstagabend des 23. Septembers, als die Polizei aufgrund bedrohlicher Hinweise ihre Zweitwohnung im schweizerischen Einsiedeln stürmte. Der Verdacht: Ein neuer Anschlag. Mit äußerster Eile wurde die Familie in ein sicheres Versteck gebracht, fernab aller Gefahr.

Die Tage waren von Anspannung und Unsicherheit

geprägt. Dr. Weidel, ein angesehener Abgeordneter und Fraktionsvorsitzender, machte sich dennoch auf den Weg nach Berlin. Der Bundestag erwartete sie, und sie würde ihren Pflichten nachkommen.

Doch die Evakuierung hatte ihre Spuren hinterlassen. Besonders ihre Kinder waren von den Geschehnissen zutiefst erschüttert. Aus diesem Grund traf Dr. Weidel eine schwere Entscheidung: Nach der Sitzungswoche würde sie mit ihrer Familie nach Mallorca fliegen. Ein Ort der Ruhe und des Abstandes, um die traumatischen Ereignisse zu verarbeiten. Gleichzeitig sollte es eine Vorsichtsmaßnahme sein – um sich vor weiteren potenziellen Bedrohungen zu schützen.

Bereits während der laufenden Sitzungswoche sagte sie einen geplanten Auftritt in Mödlareuth ab. Die Absage sollte vertraulich behandelt werden, um die laufenden Ermittlungen nicht zu gefährden. Ihr Büro erstellte einen knappen Sprechzettel, der die wichtigsten Fakten zu dem Polizeieinsatz enthielt. Doch Worte wie „Safehouse" und „Hausarrest" sollten nicht genannt werden.

Das Wochenende stand bevor, und Dr. Weidel hatte noch eine wichtige Aufgabe vor sich. Sie planten, den Wahlkampf in Wiesbad zu beenden. Es würde ein kraftvoller Abschied sein, trotz der düsteren Schatten, die über ihr und ihre Familie lagen.

Abschließend kann man festhalten, dass die Situation um Dr. Alice Weidel und ihre Familie von einer beunruhigenden Sensationsgier seitens der deutschen Presse begleitet wurde. Obwohl die schweizer Kriminalpolizei bestätigte, dass es konkrete Hinweise auf einen geplanten Anschlag gab und die Familie aus Sicherheitsgründen in ein sicheres Versteck gebracht wurde, scheute sich die Presse nicht davor, nach Weidel zu suchen und ihren Aufenthaltsort öffentlich zu machen.

Diese Vorgehensweise lässt Zweifel an der Prioritätensetzung und Verantwortung der Medien aufkommen. Statt die Sicherheit der betroffenen Personen zu respektieren, wurde die Sensationslust über den Schutz und die Privatsphäre gestellt.

Es ist wichtig, dass die Presse ihre Rolle als Informationsvermittler mit großer Verantwortung wahrnimmt und ethische Grundsätze beachtet. Die Sicherheit und das Wohlergehen von Menschen sollten stets oberste Priorität haben, insbesondere in Fällen wie diesem, in denen Bedrohungen im Raum stehen.

Es bleibt zu hoffen, dass solche Ereignisse dazu führen, dass die Medien ihre Vorgehensweisen überdenken und sich bewusst werden, welchen Einfluss sie auf das Leben anderer Menschen haben. Sensationsgier darf niemals über Sicherheit und Respekt triumphieren.

DIE AKTE ANDREAS JURCA

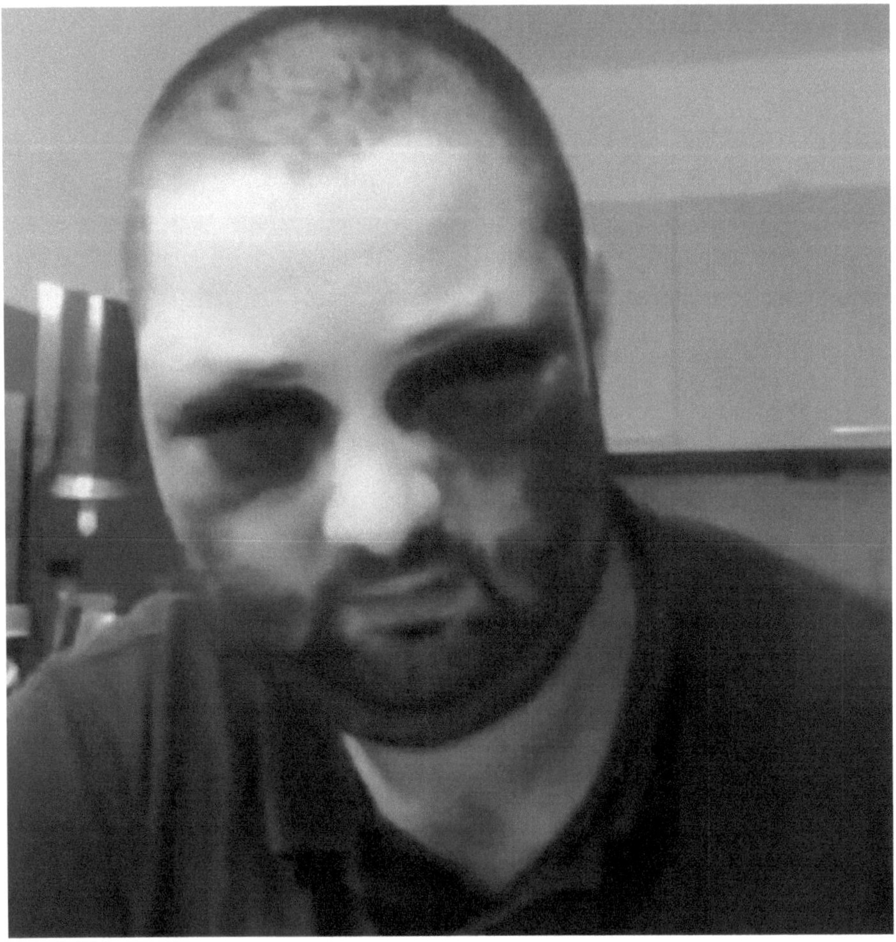

Andreas Jurca geb. 21.10.1987
Studienabschluss Master of Science in Chemie und Energie
aktuell als Parlamentarischer Referent im Bayerischen Landtag tätig

Stadtrat seit 2020
Fraktionsvorsitzender der AfD Fraktion im Augsburger Stadtrat
Vorsitzender AfD KV Augsburg-Stadt
Bezirksschatzmeister AfD Schwaben
Ausschüsse und Beiräte: Ältestenrat, Jugendhilfeausschuss, Ausschuss für Bildung und Migration (Bildungsausschuss), Jugend-, sozial- und Wohnungsausschuss, Wirtschaftsförderungs-, Beteiligungs- und Liegenschaftsausschuss, WRK für den Eigenbetrieb Altenhilfe Augsburg, Integrationsbeirat, Seniorenbeirat.

◆ ◆ ◆

Die Dunkelheit umhüllte die verlassenen Straßen, als Jurca und seine Begleiter sich nach der Grillfeier für die Wahlkampfhelfer auf den Heimweg machten. Die nachtschwärze wurde nur vom falschen Licht der Laternen durchbrochen, als plötzlich aus dem Nichts mehrere Gestalten auftauchten.

In einer Splittersekunde wurde die friedliche Atmosphäre durch Schreie und brutale Angriffe zerrissen. Hiebe prasselten auf sie nieder, während sie verzweifelt versuchte, sich zu verteidigen. Doch die Übermacht der Angreifer war erdrückend.

Die Worte der Aggressoren zerschneiden die Nachtluft, während sie auf Jurca einschlugen. Sie schrien seinen Namen, beschuldigten ihn und spien Schmähungen aus. Das Rauschen des Blutes in seinen Ohren übertönte schnell das Gepolter der Schläge.

Als die Attacke endlich endete, blieb Jurca am Boden liegen, sein Körper ein Mosaik aus Schmerz und Verwirrung. Sein Begleiter versuchte, ihm aufzuhelfen, während sie sich zum Krankenhaus durchschlugen. Der Schmerz in Jurcas Fuß war unerträglich, sein

Gesicht entstellt von den Spuren des brutalen Überfalls.

In einem Video, das später auf YouTube veröffentlicht wurde, berichtete er von den schrecklichen Ereignissen. Seine Stimme zitterte vor Emotionen, sein Gesicht trug die Narben des Vorfalls. Die Medien griffen die Geschichte auf.

Man hätte annehmen können, der Vorfall würde zu einem Sturm in den Medien und in der Gesellschaft führen. Die Botschaft von Hass und Gewalt, die dieser Angriff vermittelte, hallte doch weit über die Dunkelheit der Nacht hinaus. Es war ein trauriges Zeugnis für die Tiefen der Menschlichkeit und die Finsternis, die in manchen Herzen wohnt.

◆ ◆ ◆

„Die Grenzen des Mitgefühls:

Antifaschistischer Aktivist Gilbert Kallenborn zeigt Andreas Jurca wegen Verhetzung bei der Staatsanwaltschaft an.

Die Vorwürfe von Gilbert Kallenborn gegen Jurca verbreiteten sich wie ein Lauffeuer. Der „antifaschistische Aktivist" aus dem Saarland war bekannt für seine Anzeigen und sein Engagement gegen rechte Strömungen. Seine Zweifel an Jurcas Schilderungen führen zu einer weiteren Wende in diesem bereits heftig diskutierten Vorfall.

Kallenborn legte seine Argumente klar dar. Er behauptete, dass die gleichmäßigen Verletzungen an beiden Augen von Jurca nicht allein durch Faustschläge entstanden sein könnten, ohne gleichzeitig eine Verletzung an der Nase zu verursachen. Er berief sich dabei auf Aussagen von Rechtsmedizinern, die er nicht näher benannte.

Für Kallenborn war es „unmöglich", dass solche symmetrischen Verletzungen ohne weitere Spuren entstehen konnten. Er warf Jurca vor, eine Straftat vorzutäuschen und behauptete, dass die Beschuldigung der „Südländer" eine Form der Volksverhetzung sei.

Die Kontroverse erreichte eine neue Ebene, als diese Anschuldigungen die bereits aufgeheizte öffentliche Diskussion um den Vorfall weiter anfachten. Die Grenzen zwischen Opfer und Täter schienen sich zu verschwimmen, während die Medien die gegensätzlichen Standpunkte beleuchteten und das Publikum in einer verwirrenden Debatte verstrickt wurde.

Jurca, der die Angriffe als einen Akt rassistischer Gewalt darstellte, sah sich nun einer Herausforderung gegenüber: Die Glaubwürdigkeit seiner Darstellung stand auf dem neuen Spiel. Währenddessen gewannen die Anschuldigungen von Kallenborn einen Zuspruch und fügten eine weitere Schicht von Komplexität und Unsicherheit zu diesem beunruhigenden Vorfall hinzu.

DIE HAMMERBANDE

Die Nacht lag schwer über Budapest, als die Ereignisse sich überschlugen. Die Stadt, sonst pulsierend vor Leben, war Zeuge einer unheilvollen Begegnung. Eine Gruppe deutscher Staatsangehöriger, bekannt als die "Hammerbande", hatte sich in den Schatten der ungarischen Hauptstadt geschlichen mit finsteren Absichten, die sich um den 11. Februar 2023 rankten.

Es war der Tag, an dem
Neonazis sich in Budapest versammelten, um der Wehrmacht und der SS zu
gedenken. Doch dieser Gedenktag sollte von einer Welle der Gewalt überschattet
werden. Mitglieder der "Hammerbande" streiften durch die Nacht, ihre
Gedanken von Hass geprägt, und richteten ihren Zorn gegen jene, die sie dem
rechtsextremen Spektrum zuordneten.

Die Straßen waren Schauplatz ihrer verderblichen Mission. Mit der Dunkelheit als Deckmantel gingen sie auf Menschen los, die sie als Feinde ansahen. Der Überfall auf einen Mann war von besonderer Grausamkeit geprägt. Die Überwachungskamera filmte das Unfassbare – Männer und Frauen, vermummt und im Dunkeln verborgen, attackierten ihr Opfer mit einem Totschläger.

Die ungarische Polizei, alarmiert durch diese brutalen Taten, setzte alles daran, die Täter dingfest zu machen. Einige der Verdächtigen wurden identifiziert und festgenommen, aber die "Hammerbande" blieb größtenteils im Dunkeln des Untergrunds verborgen. Fahndungsfotos wurden veröffentlicht, Namen bekannt gegeben, doch die Gruppe schien sich den Ermittlungen zu entziehen.

Die "Hammerbande", als Teil des linksextremen Umfelds , hatte bereits in der Vergangenheit zahlreiche Anschläge verübt.

Der Fokus der "Hammerbande" lag auf Personen der Neonazi-Szene oder solchen, die sie für solche hielten. Die Gewaltakte wurden fortgesetzt, und die Stadt Budapest wurde zum Schauplatz einer düsteren Auseinandersetzung zwischen Ideologien, die nur Leid und Zerstörung hinterließen

◆ ◆ ◆

Die Straßen von Berlin atmeten eine ungewöhnliche Ruhe, als die deutsche Polizei einen wichtigen Erfolg im Kampf gegen den linksextremen Terror feierte. Die Nachricht von der Festnahme des 22-jährigen Simeon T. aus Thüringen, einem weiteren Mitglied der berüchtigten "Hammerbande", hallte durch die Medien und löste eine Mischung aus Erleichterung und Besorgnis aus.

Die "Hammerbande" war für ihre blutigen Angriffe auf Menschen mit rechtsextremer Gesinnung bekannt. Das schockierende Video des Überfalls in Budapest, bei dem sie mit Hämmern und Teleskop-Stöcken auf einen Passanten einschlugen, hatte die Weltöffentlichkeit entsetzt und die Polizei in Alarmbereitschaft versetzt.

Simeon T., einer der Gesuchten, wurde nun in einer Berliner Wohnung gefasst. Die meisten Mitglieder dieser kriminellen Gruppierung stammten aus Deutschland, und sie wurden intensiv gesucht, seit sie mit einem internationalen Haftbefehl gesucht wurden.

Diese linksradikale Terrorgruppe hatte sich in Ungarn zusammengefunden, um gegen den von Neonazis begangenen "Tag der Ehre" zu protestieren. Doch ihr Hass führte sie zu einem brutalen Angriff auf einen Passanten, den sie fälschlicherweise für einen Teilnehmer an der rechtsextremen Veranstaltung hielten. Ihre Gewalttaten erstreckten sich über Jahre, angefangen von Angriffen auf Neonazis bis hin zu schweren Verletzungen, die Opfern im Krankenhaus behandelten.

Die mutmaßliche Führerin der "Hammerbande", Lina E., wurde bereits zu einer Haftstrafe von fünf Jahren und drei Monaten verurteilt, doch sie blieb vorerst auf freiem Fuß. Ihre gesundheitlichen Probleme, die sie während der

Untersuchungshaft im Gefängnis erlitten haben soll, führten zu einem Aufschub ihrer Inhaftierung.

Währenddessen bleibt ein weiteres Mitglied der Bande, Johann Guntermann, auf der Flucht, und das Landeskriminalamt setzt eine hohe Belohnung für Hinweise aus, die zur Ergreifung dieser flüchtigen Bandenmitglieder führen könnten.

Die Festnahme von Simeon T. markiert einen bedeutenden Erfolg im Kampf gegen die Gewalttaten der "Hammerbande". Doch die Fahndung nach den flüchtigen Mitgliedern und die Unterbindung ihrer Aktivitäten bleiben ein vorrangiges Ziel der Behörden, um die Verantwortlichen zur Rechenschaft zu ziehen und die Sicherheit vor extremistischer Gewalt zu gewährleisten.

Formularbeginn

Ungarn machte Druck auf die deutsche Justiz da es eine vertragliches Abkommen gibt das deutschen Staatsbürgern in Deutschland der Prozess gemacht wird in Europa wird gemunkelt, das die deutsche Rechtsprechung ideologisch politisch gelenkt ist. Laut auszusprechen wagt es niemand um sich nicht in diplomatische Nessel zu setzen. Es gibt nun einmal nur eine Baerbock die prinzipiell eine diplomatischen Bock nach dem anderen abschießt.

◆ ◆ ◆

Die ungarische Presse schrieb unmittelbar nach den Urteilsverkündungen. Als man noch davon ausging das die Urteile die ausgesprochen wurden auch für alle Vollzogen werden.

Wie Magyar Nemzet berichtet, wurde am Prozesstag in Dresden das Urteil im Prozess gegen die Anführerin der Hammerbande, einer von der Antifa unterstützten linksextremen Sturmtruppe, und drei ihrer Mitstreiter verkündet. Die Anführerin Lina Engel wurde zu 5 Jahren und 3 Monaten verurteilt.

Vier Mitglieder der Hammerbande, die auch an den Angriffen in Budapest beteiligt waren, sind in einem mammutprozess vor einem sächsischen Landgericht verurteilt worden. Nach 97 Verhandlungstagen verkündete der Vorsitzende Richter Hans Schlueter-Staats in Dresden das Urteil gegen die vier Angeklagten wegen Mitgliedschaft in einer kriminellen Vereinigung.

Die Hauptangeklagte Lina Engel wurde zu 5 Jahren und 3 Monaten Haft verurteilt, ihre Komplizen Lennart Zaphod Arning zu 3 Jahren, Philipp Jonathan Mohr zu 3 Jahren und 3 Monaten und Jannis Rohling zu 2 Jahren wegen Bildung einer kriminellen Vereinigung und gefährlicher Körperverletzung.

Das Urteil waren noch nicht rechtskräftig.

Identität des Antifa-Extremisten hinter den Angriffen in Budapest aufgedeckt

Die Bundesanwaltschaft wirft Lina Engel und ihren Helfern unter anderem vor, eine kriminelle Vereinigung gegründet zu haben, um rechte Menschen anzugreifen. Laut Anklageschrift verübten sie zwischen 2018 und 2020 mehrere Angriffe auf rechte Anhänger in Wurzen in Sachsen, Leipzig und Eisenach in Thüringen. Dabei wurden mehrere Personen schwer verletzt. Lina Engel soll die Anführerin der Hammerbande sein, einer in Leipzig gegründeten linksextremen Vereinigung, die ein bundesweites Netzwerk aufgebaut hat.

Seit Wochen hat die Antifa für den ersten Samstag nach dem Urteilstag den Tag X angekündigt, an dem sie zu Straßenkämpfen gegen das Urteil gegen Lina Engel aufruft. Sie haben versprochen, für jedes Jahr im Gefängnis eine Million Euro Schaden in deutschen Städten zu verursachen, so dass sich die deutschen Behörden an diesem Samstag auf einen Schaden zwischen fünf

Millionen und dreihunderttausend Euro einstellen.

Im Februar veranstalteten Mitglieder der Hammerbande, die noch immer auf freiem Fuß sind, eine Menschenjagd in Budapest, bei der sie acht Menschen verprügelten und deutsche, polnische und ungarische Staatsbürger schwer verletzten.

◆ ◆ ◆

Die Nzz Beschäftigte Sich Mit Dem Wandel Der Gesellschaft Die Diese , Ich Nenne Sie „Ampel Des Politischen Grauen“

Neue Züricher Zeitungs Artikel (Original)

Lina E. und die Hölle der Selbstjustiz: Wer linksextreme Gewalt verteidigt, ist kein Antifaschist, sondern Antidemokrat

Erschreckend viele Linke äußern in Deutschland Verständnis für die Taten der «Hammerbande» um Lina E. – mal direkt, mal verdruckst.

Solidaritätsdemonstration für die verurteilte Linksextremistin Lina E. am Mittwoch in Berlin.

Es ist etwas ins Rutschen geraten in der Diskussion über politische Gewalt in Deutschland. Ein bemerkenswert breiter Chor äußert Verständnis dafür, mal direkt, mal verdruckst. Voraussetzung: Die Gewalt richtet sich gegen Rechtsextremisten – wie bei der «Hammerbande» um Lina E., die soeben in erster Instanz zu einer mehr als fünfjährigen Haftstrafe verurteilt worden ist.
Besorgniserregend sind nicht nur die Gesinnungsgenossen der Verurteilten, wie die Demonstranten, die noch am Mittwoch skandierten: «Gebt dem Bullen, was er braucht, neun Millimeter in

den Bauch.» Solche Töne kennt man vom linken Rand.

Besorgniserregend sind auch die vielen, zum Teil einflussreichen Stimmen aus der linken Mitte der Gesellschaft, die das, was Lina E. und ihre Gruppe anderen Menschen angetan haben – also Überfälle mit Hämmern, Schlagstöcken, Baseballschlägern und Eisenstangen –, allenfalls pflichtschuldig verurteilen und zugleich als irgendwie nachvollziehbar darstellen. Drei Beispiele:

Einfach «kein Nazi» sein

«Man kann sich vor linksextremer Gewalt recht einfach schützen, indem man zum Beispiel kein Nazi ist», twitterte der Podcast-Produzent und Buchautor Sebastian Hotz nach dem Urteil unter seinem Pseudonym El Hotzo. Wem der Name nichts sagt: Dem Account folgen fast 600 000 Menschen. Auf Instagram kommt Hotz auf 1,3 Millionen follower. Es gibt sehr freundliche Artikel über ihn und sehr lange Interviews mit ihm in fast allen großen deutschsprachigen Medien.

Zweites Beispiel: Ralf Michaels, Direktor am Max-Planck-Institut für ausländisches und internationales Privatrecht in Hamburg, äußerte sich ebenfalls kurz nach dem Urteil via Twitter, und zwar in Richtung des deutschen Justizministers Marco Buschmann. Dieser hatte erklärt, dass man die Demokratie nicht mit Selbstjustiz schütze.

Das, so Michaels, sei ja «im Wesentlichen» unstreitig, gehe aber «am Problem» vorbei. Denn erstens gebe es Kritik an der Beweisführung, schrieb er – ohne auf Kritik und Beweisführung näher einzugehen. Und zweitens bestünden «bei einigen» Zweifel, ob denn der Staat selbst gegen Feinde der Demokratie von rechts vorgehe. Wer diese «einigen» sein sollten und ob er, Michaels, dazugehöre, blieb ebenfalls offen.

Das dritte Beispiel ist Timon Dzienus, einer der zwei Bundessprecher der Grünen Jugend. Der 27-Jährige schrieb von einem «völlig übertriebenen und auf fragwürdigen Indizien beruhenden Prozess» und forderte «Free Lina!».

Einer sagt, natürlich indirekt: selbst schuld.

Einer raunt herum.

Einer stellt die Justiz ins Zwielicht.

Es handelt sich hier nicht um irrelevante Stimmen aus dem Halbdunkel der sozialen Netzwerke. So schreiben und ticken ein reichweiten starker Social-Media-Star, ein leitender Mitarbeiter eines renommierten Forschungsinstituts und der Nachwuchschef einer Regierungspartei.

Selbstjustiz ist falsch, aber ...

Es gibt viele weitere äußerungen dieser Art, mal von linken Abgeordneten, mal von linken Journalisten, mal von selbsternannten Klimaschützern. Gewiss, Selbstjustiz sei falsch, erklären die meisten von ihnen – um dann ein großes, dickes *Aber* auszubreiten:

Rechtsextremisten bedrohten und drangsalierten Linke, vor allem im Osten Deutschlands, sagen sie. Die AfD sei dort heute vielerorts stärkste Kraft und bedrohe die Demokratie aus der Mitte der Parlamente. Antifaschismus sei Pflicht, und wer das angesichts der deutschen Geschichte nicht begreife, habe nichts begriffen.

Ja, ja und ja. Alles richtig. Der Rechtsextremismus ist eine Gefahr, und jeder Demokrat steht in der Pflicht, dagegen vorzugehen. Wer von Neonazis attackiert wird, hat natürlich das Recht, sich zu verteidigen. Allerdings – und das ist der große blinde Fleck der Verharmloser und Ja-aber-Sager – haben sich Lina E. und ihre Gruppe nicht verteidigt. Sie haben Menschen ausspioniert, überfallen und in mehreren Fällen fast totgeschlagen. Wer das relativiert oder indirekt entschuldigt, öffnet das Tor zur Hölle.

Wo Gewalt gegen «Nazis» als legitimes Mittel dargestellt wird, bröckeln die Pfeiler des Rechtsstaats. Es geht dabei nicht nur um das von vielen Linken in Zweifel gezogene Gewaltmonopol des Staates und die Tatsache, dass Menschenrechte für alle gelten oder gar nicht.

Es geht auch um den Abgrund, der sich auftut, wenn Privatpersonen darüber entscheiden, wer ein «Nazi» ist und welche Strafe er oder sie dafür verdient hat. Den Kanalarbeiter Tobias N. hat die Gruppe um Lina E. nur deshalb lebensgefährlich verletzt, weil er eine falsche, also eine bei Rechten beliebte Mütze trug.

Es gibt keinen irgendwie besseren und legitimen Extremismus.

Wer Verständnis dafür äußert, dass das Feuer von rechts außen mit dem Feuer von links außen zu bekämpfen sei, ist kein Antifaschist, sondern ein Antidemokrat.

DER 3. ENGEL VON LINKS

Sahra Wagenknecht.

Sahra Wagenknecht (* 16. Juli 1969 in Jena; ist eine deutsche Politikerin (parteilos, zuvor SED, PDS, Die Linke) und Publizistin. Dem Bundesvorstand der PDS gehörte Wagenknecht von 1991 bis 1995 und von 2000 bis zur Vereinigung 2007 mit der WASG an. In der Nachfolgepartei *Die Linke* konnte sie ihren Einfluss erweitern. Dort galt die lange Zeit als Kommunistin auftretende Wagenknecht als Protagonistin des linken Parteiflügels. Von 2004 bis 2009 war sie Mitglied des Europäischen Parlaments und von 2010 bis 2014 eine der stellvertretenden Parteivorsitzenden. Seit September 2009 ist Wagenknecht Abgeordnete des Deutschen Bundestags. Ab 2011 war sie dort stellvertretende Vorsitzende der Linksfraktion. Von 2015 bis 2019 war sie mit Dietmar Bartsch Fraktionsvorsitzende und als solche zugleich bis 2017 Oppositionsführerin. Am 23. Oktober 2023 gab Wagenknecht ihren Austritt aus der Partei Die Linke und die Gründung der Fraktion BSW (Bündnis Sarah Wagenknecht) – Für Vernunft und Gerechtigkeit bekannt, der die Gründung einer neuen politischen Partei vorbereiten soll.

In den undurchsichtigen Gassen der politischen Landschaft glänzte Sarah Wagenknecht wie ein unkonventioneller Stern. Ihre Anfänge in den Wirren der 1990er Jahre markierten einen steinigen Weg voller Widerstände und unerbittlicher Kontroversen.

Mit dem Mut einer Unbeugsamen betrat sie die Bühne des Parteivorstandes der PDS im Jahr 1991. Doch während ihre jungen Jahre sie hätten modern erscheinen lassen sollen, wirkte sie laut ihrem Weggefährten Gregor Gysi eher wie ein Echo aus vergangenen Zeiten, unerschütterlich in ihrem Drang, das Altvertraute der DDR wiederzubeleben. Sie war anders, markant, und ihre Reden trafen ins Mark der Zuhörer, während ihre Kleidung eine Rebellion gegen den Status quo verkörperte.

In den unruhigen 90ern stemmte sich Wagenknecht gegen Gysis

Reformkurs in der PDS und verweigerte die Vereinigung mit der aus der SPD
hervorgegangenen WASG. Ihr Urteil über ihren späteren Ehemann, den damaligen
Ministerpräsidenten Oskar Lafontaine, ließ nichts Gutes erahnen. Einmal
verächtlich als "Sozialdemokrat" bezeichnet, fügte sie sich nicht den
vorgefertigten Etiketten.

Ein Sturm entfachte sich um ihre Person. Zwischen 1995 und 2000 musste sie aus dem Vorstand weichen, von Gysi als untragbar abgestempelt, der sogar mit seinem Rückzug drohte, um seinen Standpunkt zu verteidigen.

Ihre Verbundenheit mit der als linksextremistisch eingestuften Kommunistischen Plattform (KPF) und die öffentliche Vertretung einer „positiven Haltung zum Stalinismus Modell“ sorgte für Aufsehen und Unmut im Parteivorstand. Diese Positionen galten als unvereinbar mit den offiziellen Standpunkten der PDS.

Trotz Turbulenzen und Rückschlägen fand Wagenknecht immer wieder
ihren Weg zurück in die politische Arena. Sie war eine Initiatorin der
Antikapitalistischen Linken, einer Gruppierung aus Mitgliedern der WASG und der
Linkspartei, die ihre Ideen vehement vorantrieb.

Ihre Ambitionen auf den Vize-Parteivorsitz wurden von den eigenen Parteigrößen abgewiesen. Doch selbst in der Niederlage schien sie zu erstrahlen, als sie mit einer erneuten Wahl in den Parteivorstand imponierte und schließlich zur stellvertretenden Parteivorsitzenden ernannt wurde.

Jedoch markierten die späteren Jahre eine düstere Phase in

ihrem
Verhältnis zur eigenen Partei. Ihre Standpunkte polarisierten, sie stellte sich
wiederholt gegen die Parteilinie, was zu internen Spannungen und einem Antrag
auf Parteiausschluss führte.

Die einstige Größe und das Gesicht der Partei war nun Ziel innerparteilicher Kritik und Kontroversen. Ihr Buch "Die Selbstgerechten" wurde zur Zielscheibe der Ankläger, die der Überzeugung
waren, sie habe ihrer Partei schweren Schaden zugefügt.

Ein Kampf entbrannte, und Wagenknecht stand im Auge des politischen Orkans. Doch selbst nach Ablehnungen und Beschwerden gegen sie blieb sie standhaft. Die Zurückweisung der Parteiausschlussanträge stärkte ihre Beharrlichkeit und hinterließ sie als eine unverwüstliche Figur, um die weiterhin ein politischer Sturm tobte.

Im politischen Ränkespiel, das von Ambitionen und der Sehnsucht nach Vergangenem geprägt war, zeigte sich Sarah Wagenknecht als eine Lichtgestalt, die gegen den Strom schwamm. Die Ampelregierung, in ihrem Streben nach medialer Harmonie, trat auf Freiheitsrechte und Grundwerte, die für den Einzelnen von enormer Bedeutung waren, unachtsam und rücksichtslos.

Die Partei, die sich als die Linken bezeichnete, fiel im Allgemeinen dem medialen Druck zum Opfer. Mit Ausnahme von Sarah Wagenknecht - sie hielt unbeirrt an den Grundsätzen der linken Ideologie fest. Sie stand vehement gegen jede Einschränkung von Freiheitsrechten und betonte die Priorität des deutschen Volkes in all ihren Reden.

Überraschenderweise gab es in Kernfragen zwischen der AfD und der Linken, besonders in Bezug auf die deutsche Bevölkerung, keine deutlichen Unterschiede. Doch ihre ideologischen Standpunkte und ihre Vorstellungen von Gesellschaft sind glasklar unterschiedlich.

Die Ereignisse rund um den Ukraine-Konflikt offenbarten eine seltsame Übereinstimmung der Fraktionen: Russlands Handeln in der Ukraine wurde von allen als Übergriff verurteilt. Dennoch gab es aus russischer Sicht Sicherheitsbedenken hinsichtlich der NATO und ihrer Osterweiterung, die eine Rolle spielten.

Die Entscheidungen der Ampelregierung bezüglich der Aufrüstung der Ukraine mit schweren Waffen und der skurrile Slogan "Waffen für den Frieden" stießen auf breite Zustimmung bei den politischen Fraktion, die sich nicht in der Öffentlichkeit widerspiegeln.

Im Schatten dieser turbulenten politischen Landschaft entschied sich Sarah Wagenknecht für einen klaren Kurs für die deutsche Bevölkerung und als Bollwerk gegen politische Kriegshetzer Parteien und gegen den Politik gelenkten Mainstream. . Sie war gegen jegliche Form von Krieg und setzte sich vehement für Friedensbemühungen ein. Dieser Standpunkt unterschied sie nicht von der AfD, jedoch unterscheidet sich ihre ideologischen Haltungen.

Sarah Wagenknecht gründete letztlich ihre eigene Partei, die bei Kernfragen keine großen Unterschiede zur AfD aufwies. Dennoch ist die Ausrichtung ihrer Politik deutlich von einer anderen Ideologie geprägt. Beide Fraktionen haben eine politische Grundlage in der Realität und verfügten über ein umfassendes Wissen im Gegensatz zu den Politikern der Ampelregierung siehe Habek und Baerbock beide würden weder in der AfD noch beim BWK nur die geringste Chance haben die Partei zu präsentieren.

Der Erfolg beider politischen Gruppierungen, die ursprünglich wie verschiedene Pole erschienen, liegt darin begründet, dass sie sich zunehmend der gesellschaftlichen Mitte angenähert haben.

Gleichzeitig haben sie die etablierten Parteien, die durch ihre Inkompetenz an den Rändern zu verharren scheinen, an den Rand gedrängt.

Dieser Erfolg basiert auf einer Verschiebung der politischen Landschaft. Während die traditionellen Parteien in ihrer Unfähigkeit und Dummheit gefangen sind , auf die breiten Interessen und Bedürfnisse der Bevölkerung nicht eingehen , haben diese neuen Gruppierungen einen Weg gefunden, sich flexibel an den Wandel in der Gesellschaft anzupassen.

Die Anziehungskraft dieser politischen Kräfte ergibt sich aus ihrer Fähigkeit, Themen anzusprechen, die für die breite Masse von Bedeutung sind, und sich nicht ausschließlich auf extreme politische Positionen zu beschränken. Indem sie sich mehr in Richtung der politischen Mitte bewegen und pragmatische Lösungen für aktuelle Probleme anbieten, haben sie eine breitere Unterstützung und Akzeptanz gefunden.

Diese Entwicklung zeigt, dass die politische Landschaft im Wandel begriffen ist und dass neue Akteure erfolgreich werden können, indem sie sich an die sich ändernden Ansichten und Bedürfnisse der Gesellschaft anpassen, während die etablierten Parteien in ihrem Eifelturm der Macht und Selbstherrlichkeit gefangen sind.

DIE AMPELREGIERUNG

Die Dummheit in der Politik – Eine Betrachtung der aktuellen Ampelregierung

Die aktuelle politische Landschaft Deutschlands bietet eine Fülle von Beispielen für politische Versagen und Fehltritte. Die Ampelkoalition, bestehend aus SPD, Grünen und FDP, hat in ihrer kurzen Amtszeit bereits eine Reihe von Fauxpas und Kontroversen hervorgebracht, die die Frage aufwerfen, ob diese Regierung tatsächlich die besten Interessen der deutschen Bürger im Blick hat.

Beginnen wir mit Annalena Baerbock, der Außenministerin. Ihre Amtszeit war von Anfang an von Kontroversen geprägt, sei es durch unbedachte Äußerungen oder mangelnde Erfahrung in der Diplomatie. Ihre Fehler werfen ernsthafte Fragen über ihre Eignung für dieses wichtige Amt auf.

Robert Habeck, der Wirtschaftsminister, hat ebenfalls für Schlagzeilen gesorgt. Seine Entscheidungen und Politiken haben Kritiker dazu veranlasst, ihn für die aktuellen wirtschaftlichen Probleme des Landes verantwortlich zu machen. Sein Mangel an Verständnis für die feinen Nuancen der Wirtschaftspolitik hat zu Fehlentscheidungen geführt, die das Land teuer zu stehen kommen könnten.

Karl Lauterbach, der Gesundheitsminister, hat sich als jemand erwiesen, der mehr an Schlagzeilen interessiert zu sein scheint als eine fundierte Politik. Seine öffentlichen Äußerungen und Entscheidungen haben oft mehr Verwirrung als Klarheit geschaffen.

Olaf Scholz, der Bundeskanzler, scheint sich der Realität nicht immer bewusst zu sein. Seine Unfähigkeit, die offensichtlichen altersbedingten Einschränkungen des US-Präsidenten zu erkennen, wirft Fragen über sein Urteilsvermögen und seine Führungsqualitäten auf.

Und schließlich Nancy Faeser, die Innenministerin, die im Zentrum einer Kontroverse steht. Sie wird verdächtigt, ihre Macht missbraucht zu haben, um eine oder mehrere Existenzen zu vernichten. Ihre Handlungen werfen ernsthafte Fragen über die Integrität ihres Amtes und ihre Eignung für diese Position auf.

Alle diese Beispiele zeigen ein Muster von Fehlentscheidungen, mangelnder Kompetenz und fragwürdigem Urteilsvermögen. Sie beleuchten eine Regierung, die mehr mit ihren eigenen Problemen beschäftigt zu sein scheint als mit den Problemen des Landes.

Die Dummheit in der Politik ist nicht neu, aber sie ist immer enttäuschend. Es liegt an uns, den Bürgern, unsere Führer zur Rechenschaft zu ziehen und eine bessere, klügere Politik zu fordern. Nur dann können wir hoffen, dass die Qualität unserer Regierung verbessert wird und die Dummheit in der Politik durch Weisheit und Integrität ersetzt wird.

HAUSHALTSSPERRE

Die Verhängung einer Haushaltssperre durch die Ampelregierung in Berlin als Reaktion auf ein Urteil des deutschen Bundesverfassungsgerichts hat weitreichende Auswirkungen. Es handelt sich praktisch um eine Bankrott-Erklärung, da keine neuen finanziellen Mittel mehr ausgegeben werden dürfen und geplante Projekte nun in Gefahr sind.

Am 21. November 2023 wurde Die Haushaltssperre verhängt,

nachdem das Bundesverfassungsgericht entschieden hatte, dass die Bundesregierung mit ihrem Haushalt gegen die Verfassung verstoßen hatte. Um diesem Urteil nachzukommen und die Schuldenbremse einzuhalten, wurden Einschränkungen bei den Ausgaben verursacht.

Diese Maßnahme stellte die Ampelregierung vor große Herausforderungen. Geplante Projekte und Vorhaben mußten aufgeschoben werden.

14. Dezember 2023

Das Bundesfinanzministerium hat die verhängte Haushaltssperre mit sofortiger Wirkung aufgehoben, wie aus einem Schreiben von Finanzstaatssekretär Steffen Saebisch an die anderen Ministerien der Regierung hervorgeht. Zwischenzeitliche Absprachen würden demnach weiter gelten. Entsprechend seien vereinbarte Einsparungen umzusetzen. "Unabhängig davon empfiehlt das Bundesministerium der Finanzen, mit Blick auf die haushaltswirtschaftliche Gesamtlage und die kommenden Haushaltsjahre einen möglichst sparsamen Umgang mit Verpflichtungsermächtigungen."

Original Auszug der Bundesregierung:

Beiträge der Bundesministerien

Die Ausgaben für das internationale Engagement der Bundesrepublik Deutschland werden um insgesamt 800 Millionen Euro abgesenkt. Dabei tragen das Auswärtige Amt und das Bundesministerium für Wirtschaft und Klima jeweils einen Betrag von 200 Millionen Euro und das Bundesministerium für wirtschaftliche Zusammenarbeit und Entwicklung 400 Millionen

Euro.

Der Etat des Bundesministeriums für Digitales und Verkehr wird um 380 Millionen Euro abgesenkt.

Im Etat des Bundesministeriums für Bildung und Forschung erfolgt eine Absenkung des Plafonds um 200 Millionen Euro.

Der Bundeszuschuss an die Gesetzliche Rentenversicherung wird um 600 Millionen Euro reduziert. Im Rahmen des Rentenpakets II, das im ersten Quartal 2024 beschlossen werden soll, wird ein Rentenniveau von 48 Prozent bis zum Jahre 2039 garantiert und das generationenkapital zur Dämpfung von Beitragssatzsteigerungen eingeführt.

Zudem leistet die Bundesagentur für Arbeit einen teilweisen Ausgleich für die während der Corona-Krise erfolgten jährlichen Zuschüsse aus dem Bundeshaushalt. Diese Rückerstattung für den Ausgleich beträgt 1,5 Milliarden Euro. Um den Beitragssatz mit Blick auf das Ziel des Rücklagenaufbaus stabil zu halten, wird gesetzlich festgelegt, dass die durch eine Verordnung mögliche Beitragssatzsenkung nur dann möglich ist, wenn die Rücklage im Haushalt der Bundesagentur für Arbeit eine angemessene Mindesthöhe in Prozent des BIP aufweist.

Bei den Versteigerungen der Flächen für Windenergie auf See sind unerwartet hohe Erlöse erzielt worden. Ein Teil dieser Mittel soll breiter genutzt werden für Maßnahmen des Bundesministeriums für Umwelt und Verbraucherschutz und des Bundesministeriums für Ernährung und Landwirtschaft.

Bei gleichbleibenden gesetzlichen Rahmenbedingungen wird die Absenkung der Wohngeldveranschlagung aus dem parlamentarischen Verfahren zum Haushalt 2024 für den Finanzplanungszeitraum um jeweils 250 Millionen Euro jährlich nachgezogen.

Der Gesetzentwurf zur Reform der Beamtenalimentation wird angepasst; die im Haushaltsentwurf 2024 kalkulierten Mehrausgaben können daher um 150 Millionen Euro abgesenkt werden.

Abschaffung klimaschädlicher Subventionen

Mit der Abschaffung der Begünstigung in der Kraftfahrzeugsteuer für Forst- und Landwirtschaft entstehen Mehreinnahmen von 480 Millionen Euro.

Die Abschaffung der Steuerbegünstigung beim Agrardiesel führt zu Mehreinnahmen von bis zu 440 Millionen Euro.

Durch die Abschaffung des Absenkungsmechanismus bei der Luftverkehrsabgabe entstehen 2024 Mehreinnahmen von bis zu 70 Millionen Euro (bis zu 300 Millionen ab 2025). Die Luftverkehrsabgabe wird darüber hinaus jährlich so angepasst, dass sie zusätzliche Einnahmen in Höhe der Privilegierung bei der Energiebesteuerung von Kerosin im nationalen Luftverkehr generiert. Dies würde ab 2024 zu Mehreinnahmen von bis zu 580 Millionen Euro jährlich führen. Das Programm „klimaneutrales Fliegen" bleibt im Klima- und Transformationsfonds bestehen.

Zusätzliche Einnahmen in Höhe von bis zu 1,4 Milliarden Euro entstehen durch die Umlegung der Abführungen zur Plastikabgabe an die EU. Diese Kosten werden bisher von der Allgemeinheit der Steuerzahlerinnen und Steuerzahler getragen und sollen nunmehr – wie im Koalitionsvertrag vereinbart – auf die Verursacher umgelegt werden.

Arbeitsmarktanreize

Der sogenannte Job-Turbo bei der Arbeitsmarktintegration von Geflüchteten wird ausgeweitet. Hierzu zählen insbesondere die erhöhte Kontakthäufigkeit, die frühzeitige Vermittlung in Arbeit und Sanktionen bei Pflichtverletzungen. Je mehr Geflüchtete in Arbeit sind, desto weniger sind auf Sozialleistungen angewiesen. Die Maßnahmen führen zu geringeren Ausgaben in Höhe von weiteren 500 Millionen Euro in 2024 über die bereits vereinbarten minderausgaben hinaus.

Durch Veränderungen beim Bürgergeld (Streichung Bürgergeld-Bonus und Sanktionen Totalverweigerer) werden Mittel in Höhe von 250 Millionen Euro erwirtschaftet.

Anpassungen des Klima- und Transformationsfonds

Die Programmausgaben des Klima- und Transformationsfonds werden um 12,7 Milliarden Euro reduziert. Wichtige Ausgaben zur Transformation der Wirtschaft und zur Unterstützung der Bürgerinnen und Bürger beispielsweise bei der Modernisierung der Gebäudeenergie bleiben bestehen, ebenso die Entlastung beim Strompreis durch Übernahme der EEG-Umlage. Andere Subventions-programme entfallen, zum Beispiel dort, wo sich Produkte am Markt etabliert haben. In 2024 kann dadurch auf einen Bundeszuschuss an den Klima- und Transformationsfonds verzichtet werden, für 2025 und 2026 sind Zuschüsse eingeplant.

Der CO2-Preispfad im BEHG wird ab 2024 wieder auf das 2020 von der Vorgängerregierung beschlossene Niveau angepasst. Der CO2-Preis beträgt damit ab dem 1. Januar 2024 wie seinerzeit geplant 45 Euro. Die Erhöhung des CO2-Preises zum 1. Januar 2023 war im September 2022 um ein Jahr verschoben worden, um Bürgerinnen und Bürger sowie Unternehmen angesichts der damals stark gestiegenen Energiepreise zu entlasten. Nach dem deutlichen Rückgang der Energiepreise in diesem Jahr im Vergleich zu Herbst 2022 kann der CO2-Preis nun wieder auf den ursprünglichen Pfad zurückgeführt werden. Die ebenfalls 2022 beschlossene befristete Erhöhung der Fernpendlerpauschale um drei Cent (von 35 auf 38 Cent ab dem 21. Kilometer) bleibt wie geplant bestehen.

Weitere Maßnahmen

Die Deutsche Bahn soll für dringend nötige Investitionen ausreichend finanzielle Mittel erhalten. Dazu wird das Eigenkapital 2024 und in den Folgejahren um 1,5 Milliarden Euro durch finanzielle Transaktionen erhöht, ähnlich wie dies von der Vorgängerregierung praktiziert wurde. In den Jahren 2024 und 2025 soll eine Mittelzuführung von jeweils bis zu 5,5 Milliarden Euro erfolgen – dazu sollen auch Beteiligungserlöse eingesetzt werden (konkreter Umfang, Ausgestaltung, Zeitraum und Unternehmen sind noch festzulegen). Insgesamt sollen der Deutschen Bahn in den nächsten Jahren Eigenkapitalmittel in Höhe von bis zu 20 Milliarden zugeführt werden.

Der Ansatz für die regionalisierungsmittel im Haushalt soll um 350 Millionen Euro reduziert werden.

Die Wiederbeschaffungen durch die Bundeswehr für die an die Ukraine abgegebenen Waffen wird aus dem Sondervermögen Bundeswehr finanziert. Dadurch können die ursprünglich vorgesehenen Mittel im Bundeshaushalt für die Ertüchtigung der Ukraine um 520 Millionen Euro abgesenkt werden.

Die Annahmen für die Zinsausgaben des Bundes werden auf Basis des neuen Emissionskalenders und veränderter Zins- und Inflationsdaten an die im Vergleich zur Aufstellung des Regierungsentwurfes veränderten Marktbedingungen angepasst (2,3 Milliarden Euro). Die Prognose für noch nicht abgerechnete Ausgaben des Wirtschaftsstabilisierungsfonds für das Jahr 2023 wird aktualisiert (400 Millionen Euro).

Die Rücklagen der nicht vom Urteil des Bundesverfassungsgerichts betroffenen Sondervermögen werden genutzt (ca. 3,2 Milliarden Euro).

Die Bundesregierung wird die Hilfen zur Beseitigung der erheblichen Schäden aufgrund der Flutkatastrophe im Sommer 2021 in Rheinland-Pfalz und Nordrhein-Westfalen weiter finanzieren. Im Haushaltsentwurf 2024 sind dafür 2,7 Milliarden Euro vorgesehen – über eine Milliarde Euro mehr als 2023. Nach dem Urteil muss eine neue Rechtssicherheit hergestellt werden, um den Vorgaben des Bundesverfassungsgerichts gerecht zu werden. Dazu wird auch anhand unabhängiger juristischer Expertise sorgfältig geprüft, ob die Finanzierung weiterhin über die notlage bedingte Kreditfinanzierung des Sondervermögens erfolgen kann, so wie es von der Vorgängerregierung vorgesehen war. Dazu wäre nunmehr nach dem Urteil des Bundesverfassungsgerichts auch 2024 ein erneuter Überschreitensbeschluss nach Artikel 115 Absatz 2 Satz 6 und 7 des Grundgesetzes notwendig. Hierzu soll auch das

Gespräch mit der größten Oppositionsfraktion gesucht werden, ob ein solcher Überschreitensbeschluss nach Artikel 115 Absatz 2 Satz 6 und 7 des Grundgesetzes unterstützt werden kann, damit nicht Bevölkerungsgruppen gegeneinander ausgespielt werden. Sollte der Weg über einen solchen Beschluss nach Artikel 115 des Grundgesetzes rechtlich nicht möglich sein, erfolgt die Finanzierung aus dem Bundeshaushalt.

Die bisher geplante Unterstützung der Ukraine kann aus dem Bundeshaushalt ohne Überschreitensbeschluss geleistet werden. Sollten im Laufe des Jahres 2024 weitere erhebliche finanzielle Aufwendungen für die Unterstützung der Ukraine, auch mit internationalen Partnern, über das bisher veranschlagte Maß hinaus nötig werden, wird die Bundesregierung dem Deutschen Bundestag vorschlagen, einen Überschreitensbeschluss nach Artikel 115 Absatz 2 Satz 6 und 7 des Grundgesetzes zu fassen, der voraussetzt, dass die staatliche Finanzlage erheblich beeinträchtigt wäre. Die Ukrainerinnen und Ukrainer müssen auch längerfristig in die Lage versetzt werden, sich der Aggression des russischen Präsidenten Putin entgegenzustellen.

Es scheint, als hätten Wegelagerer und die Ampel-Regierung mehr gemeinsam, als man auf den ersten Blick denkt – beide nehmen etwas und verkaufen es dann als Leistung. Das ist ja genau das, was der Wirtschaftsminister Habeck stolz verkündet: "Wir belasten die Bevölkerung und das zeigt, was diese Regierung leisten kann." Ein erstaunliches Statement, das einem die Sprache verschlägt!

Und dann haben wir noch Bundeskanzler Scholz, der in bester Diebesmanier verkündet: "Wir erwirtschaften 2024 17 Milliarden Euro." Das klingt fast so, als ob er ihnen das Geld aus der Tasche zieht, es als "Erwirtschaften" bezeichnet und dann für Ideen verwendet, die niemandem nützen.

Wenn man bedenkt, dass sie Geld von Landwirten nehmen und damit Gender-Projekte finanzieren und somit die Lebensmittel verteuern – das ist schon ein Paradebeispiel dafür, wie die Regierung es schafft, das Nützliche teurer und das Überflüssige billiger zu machen. Vielleicht sollten wir alle anfangen, unsere Einkünfte als "erwirtschaftung" zu bezeichnen, wenn wir etwas nehmen, was wir nicht brauchen, und es für Dinge ausgeben, die keiner will.

INTERVIEW

Mit der Psychiaterin Heidi Kastner das Anna Giulia Fink im Standard veröffentlichte, gibt es unterschiedliche Perspektiven und Meinungen zum schädlichen Potenzial unintelligenter Menschen. Kastner betont, dass nicht dumme Menschen oft das schädliche Potenzial unintelligenter Individuen unterschätzen. Sie betont, wie wichtig es ist, sich darüber im Klaren zu sein, dass man unerwartet auf dumme Einzelpersonen oder Gruppen treffen kann, die jederzeit und an jedem Ort einen verheerenden Schlag versetzen können.

Kastner erklärt weiter, dass dumme Entscheidungen nicht nur auf individueller Ebene, sondern auch auf gesellschaftlicher und organisatorischer Ebene schädlich sein können. In Organisationen können dumme Entscheidungen zu ineffizienten Prozessen, einer Fehlallokation von Ressourcen und einer schlechten Zusammenarbeit führen.

Auch andere Quellen betonen die potenziell schädlichen Auswirkungen von Dummheit. In einer Quora-Diskussion wurden eine starre Weltanschauung und mangelnde Reflexion als Merkmale unintelligenter Menschen genannt. Diese Eigenschaften können zu Vorurteilen, Unwissenheit und impulsiven Handlungen führen, die anderen schaden können.

Es ist wichtig zu beachten, dass die Begriffe „dumm" und „schädlich" subjektiv sind und unterschiedliche Interpretationen haben können. Menschen können ungeachtet ihrer Intelligenz oder Bildung schlechte Entscheidungen treffen. Daher ist es ratsam, im Umgang mit anderen vorsichtig und überlegt zu sein und sich darüber im Klaren zu sein, dass dumme Entscheidungen negative Folgen haben können.

Die Aussage, dass eine dumme Person die gefährlichste Art von Person ist, ist subjektiv und kann je nach Interpretation variieren. Es ist wichtig zu beachten, dass Intelligenz oder Bildung nicht immer ein Indikator für moralischen Charakter oder Verantwortung ist.

Dummheit allein macht einen Menschen nicht unbedingt gefährlich. Es hängt von der Art des Verhaltens ab, das eine bestimmte Person an den Tag legt. Es gibt viele weitere Faktoren wie Böswilligkeit, kriminelle Absichten, Fanatismus oder Machtgier, die einen Menschen gefährlich machen können.

Es ist jedoch möglich, dass eine Person, die sowohl dumm als auch mächtig ist oder eine einflussreiche Position innehat, möglicherweise gefährlicher ist. Die Kombination aus Dummheit und Macht kann dazu führen, dass falsche Entscheidungen getroffen werden, die weitreichende negative Folgen haben können.

Es ist auch wichtig zu bedenken, dass es verschiedene Arten von Intelligenz gibt. Eine Person kann in einem bestimmten Bereich klug sein, in anderen Bereichen jedoch weniger Kompetenz oder Verständnis zeigen. Daher ist es ratsam, vorsichtig zu sein, wenn es darum geht, eine Person allein aufgrund ihrer persönlichen Dummheit zu beurteilen.

Es ist immer ratsam, Menschen individuell anhand ihres Verhaltens und Handelns zu beurteilen, anstatt Verallgemeinerungen über bestimmte Personengruppen vorzunehmen.

DIE GESETZE DER MENSCHLICHEN DUMMHEIT.

Der italienische Wirtschaftshistoriker Carlo M. Cipolla hat in seinem Essay „The Basic Laws of Human Stupidity" fünf grundlegende Gesetze zur menschlichen Dummheit aufgestellt. Diese Gesetze bieten uns wertvolle Einblicke in das Verhalten und die Entscheidungsprozesse der Menschen.

Cipollas erstes Gesetz besagt, dass die meisten Menschen

die Anzahl der dummen Menschen in der Welt unterschätzen. Oftmals neigen wir dazu, die Existenz und Auswirkungen von Dummheit zu ignorieren oder zu bagatellisieren. Doch Cipolla warnt davor, dass dies ein Trugschluss ist. Sein Gesetz besagt, dass es immer eine bestimmte Anzahl von Menschen geben wird, die sich dumm verhalten, unabhängig von Bildungsstand oder sozialem Umfeld.

Das zweite Gesetz von Cipolla besagt, dass die Wahrscheinlichkeit, dass eine Person dumm ist, unabhängig von anderen Merkmalen ist. Intelligenz schützt nicht vor der Möglichkeit, auch dumme Entscheidungen zu treffen. Dummheit und Intelligenz sind zwei getrennte Eigenschaften, die unabhängig voneinander existieren können.

Das dritte Gesetz von Cipolla definiert eine dumme Person als jemanden, der anderen einen Verlust zufügt, ohne selbst einen Gewinn zu erzielen. Dummheit manifestiert sich in irrationalen und schädlichen Handlungen, bei denen die Konsequenzen für andere oft nicht erkannt werden.

Es ist wichtig anzumerken, dass Cipollas Analyse der Dummheit nicht als Werturteil zu verstehen ist. Es geht ihm nicht darum, Menschen abzuwerten, sondern vielmehr darum, ein Phänomen zu untersuchen und zu verstehen, das in allen Gesellschaften existiert.

Diese Gesetze sollen uns dazu anregen, die Realität anzuerkennen und bewusster mit den Auswirkungen von Dummheit umzugehen. Sie erinnern uns daran, dass wir uns nicht der Illusion hingeben sollten, dass die Welt nur von Vernunft und Intelligenz regiert wird. Vielmehr sollten wir uns bewusst sein, dass Dummheit eine allgegenwärtige Kraft ist, mit der wir umgehen müssen.

Es ist wichtig, andere mit Verständnis und Geduld zu behandeln, da niemand immun gegen Dummheit ist und jeder von uns in bestimmten Situationen dumme Entscheidungen treffen kann.

Dummheit ist keine Eigenschaft, die mit Böswilligkeit oder Absicht verwechselt werden sollte. Es handelt sich um Menschen, die

impulsiv, kurzsichtig oder einfach nicht in der Lage sind, die Konsequenzen ihres Handelns vernünftig abzuwägen.

GEDICHT DER DUMMHEIT

Es erscheint die Dummheit als ein trübes Angesicht, Doch tief verborgen, dennoch unumwunden.

Die Dummheit, eine seltsame Krankheit wahrlich, Die betroffenen Menschen gibt sie keinen Schmerz, Sie wandeln blind durchs Leben, so eigenwillig, Und ahnen nicht, was sie in anderen hervorzerrt.

Denn ihre Unachtsamkeit, ihr mangelnder Verstand, Sie wirken wie ein Sturm, der die Umgebung quält, die Leidtragenden sind jene, die Drumherum hier sind, die Dummheit, die uns allen doch so sehr gefällt.

Sie scheint verschleiert, unsichtbar wie der Wind, Der Dummheit Opfer, ach, sie merken es nicht, In ihrer Welt verirrt, ohne Sinn und Verstand, Die Tragik der Dummheit, sie ist keine Dicht'.

Doch sei gewarnt, oh Mensch, vor dieser Seuche, Die Dummheit lauert überall und jederzeit, Erkenne sie und schütze dich, auf dass sie weich, Und lass nicht zu, dass sie dein Denken befreit.

So leiden wir im Schatten dieser Krankheit fort, Die Dummheit, eine Bürde, die uns allen droht, Doch mögen wir mit Weisheit stark sein an diesem Ort, Und widerstehen, wenn sie an unser Tor geklopft.

Denn in der Einigkeit der klugen Köpfe wohnt, Die Hoffnung, dass die Dummheit bald vergeht, Lasst uns zusammenstehen, nie verzagt, sondern verbunden, Und kämpfen, bis die Dummheit endlich untergeht.

So sei gewarnt, oh Mensch, vor dieser Seuche wahrhaft, Die Dummheit ist die seltsamste Krankheit, die es gibt, Doch mit Verstand und Wissen, fest und unverzagt, Stehen wir aufrecht, während sie sich selbst betrübt.

POLITIK UND DUMMHEIT

Politiker sind in der öffentlichen Wahrnehmung oft aufgrund ihrer Standfestigkeit im politischen Diskurs bekannt. Diese Standhaftigkeit wird als eine Tugend angesehen, die ihre Entschlossenheit und Überzeugungen unterstreicht. Allerdings offenbart sich in vielen Fällen eine bedauerliche Kehrseite dieser vermeintlichen Stärke: Politiker beharren oft hartnäckig auf ihren Ansichten, selbst wenn diese sich als Irrtümer herausstellen. Dieses Phänomen führt nicht nur zu individuellem Unvermögen, Fehler zuzugeben, sondern hat auch weitreichende Auswirkungen auf politische Entscheidungsprozesse und letztendlich auf die Gesellschaft.

Die Fixierung auf einmal gefasste Meinungen und die Unfähigkeit, von ihnen abzuweichen, haben historisch gesehen zu zahlreichen politischen Tragödien geführt. Wenn Politiker sich in ihren Überzeugungen versteifen und sich weigern, neue Informationen oder alternative Perspektiven zu berücksichtigen, können sie in einen Teufelskreis geraten, der zu einer Sackgasse für die Entwicklung von Lösungen führt. Dies schafft eine

Kluft zwischen der dynamischen Realität und einer starren, unveränderlichen Haltung, die nicht mehr mit den Bedürfnissen und Herausforderungen der Zeit übereinstimmt.

Der Zwang, an veralteten oder unpassenden Ideen festzuhalten, verhindert nicht nur den Fortschritt, sondern kann auch das Vertrauen der Öffentlichkeit in die politischen Institutionen untergraben. Wenn Politiker nicht bereit sind, ihre Meinungen anhand neuer Informationen zu überdenken und anzupassen, schwindet die Glaubwürdigkeit ihrer Führungsqualitäten. Dies führt zu einer zunehmenden Skepsis und einem Verlust des Vertrauens der Bürgerinnen und Bürger in die Integrität und Fähigkeit ihrer gewählten Vertreter.

Es ist daher unerlässlich, dass Politiker eine Flexibilität im Denken und Handeln zeigen. Diese Flexibilität ermöglicht es, auf veränderte Umstände zu reagieren und neue Erkenntnisse in die Politik einzubeziehen. Statt starr auf Positionen zu beharren, sollte eine Politik der Offenheit und des Lernens etabliert werden, die es ermöglicht, aus Fehlern zu lernen und sich an die sich verändernde Realität anzupassen. Eine solche Haltung fördert nicht nur die Innovation, sondern stärkt auch das Vertrauen der Öffentlichkeit in die politischen Entscheidungsträger.

Letztendlich ist die Fähigkeit, auf Standhaftigkeit mit einem offenen Geist zu reagieren, von entscheidender Bedeutung für die Wirksamkeit politischer Führung. Politiker, die bereit sind, ihre Positionen zu überdenken und anzupassen, können auf lange Sicht widerstandsfähigere und anpassungsfähigere Lösungen für die Herausforderungen unserer Zeit entwickeln. Standhaftigkeit sollte nicht als Starre verstanden werden, sondern als die Fähigkeit, an den Kernwerten festzuhalten, während man gleichzeitig offen für Veränderungen und Fortschritt bleibtIn der Analyse politischer Entwicklungen und Entscheidungen ist eine Realität klar hervorgetreten: die schädlichen Auswirkungen von Dummheit und Unvernunft auf Regierungsführung. Selten zuvor wurde die Tragödie menschlicher Unwissenheit so deutlich wie während der Amtszeit der aktuellen Regierung. Zwei Jahre, die geprägt waren von unüberlegten Maßnahmen, unüberbrückbaren ideologischen Gräben und einem verheerenden Mangel an Führungsqualitäten.

Die dringende Frage, die sich vor der Gesellschaft auftut, ist die Notwendigkeit, diese Regierung zur Verantwortung zu ziehen und zum Rücktritt zu bewegen. Es ist ein Aufruf an die Bürgerinnen und Bürger, ihre demokratischen Rechte und Möglichkeiten zu nutzen, um einen Wechsel herbeizuführen. In einer Demokratie liegt die Macht des Wandels in friedlichen Mitteln des Protests und der Wahlen, die die Alternativen zu dieser Regierung aufzeigen können.

Es ist wichtig zu betonen, dass Gewalt niemals eine Lösung darstellt. Die Essenz einer Demokratie liegt in ihrer Fähigkeit, Veränderungen durch legitime und friedliche Mittel herbeizuführen. Die Stimme des Volkes kann und sollte durch Wahlen und öffentliche Demonstrationen gehört werden, jedoch niemals auf Kosten der öffentlichen Sicherheit und des friedlichen Zusammenlebens.

Die Zukunft einer Gesellschaft liegt in der kollektiven Fähigkeit, aus Fehlern zu lernen und Wege zu finden, um unzureichende Führung zu korrigieren. Es liegt an uns allen, die demokratischen Instrumente zu nutzen, um eine Regierung abzulösen, die nicht im Interesse des Volkes handelt. Ein klares Signal durch die Wahl von Alternativen und den Ausdruck des Unmuts über unüberlegte Entscheidungen kann eine Erinnerung an politische Verantwortlichkeit und Weitsicht sein.

Möge diese Zeit der politischen Herausforderungen ein Wendepunkt sein, an dem die Gesellschaft gemeinsam die Lehren aus den Fehlern zieht und den Weg zu einer verantwortungsvolleren, intelligenteren und fürsorglicheren Regierung ebnet. Lasst uns die Stärke unserer demokratischen Prinzipien nutzen, um den Wandel herbeizuführen, den wir für eine bessere Zukunft benötigen.

Printed in Poland
by Amazon Fulfillment
Poland Sp. z o.o., Wrocław

34318354R10071